永田一彦の
新・絶対開脚
バイブル

はじめに

「世の中で一番美しい出会いは、再会である」

　2016年までの数年間、創刊当初から執筆を続けていた、空手道マガジン月刊JKFanから遠ざかっていました。というのも本業のトレーナーとしての仕事に力を入れていたのと、最新の医科学的知識を得るため受験生のように勉強していたからなのですが、実はやり残した仕事がありました。
　それは、「開脚バイブル」の記事をまとめて出版してもらうことでした。

　たかが「開脚」されど「開脚」とはよく言ったもので、およそ30年前、私にとって開脚は、できて当たり前の事でした。
　パワーリフティングの選手であり、柔軟性には自信があった私は、ある時、スクワットが原因で腰を壊し、それをきっかけに引退、同時に開脚もできなくなりました。でもその時は、「たかが」開脚であり、気にもしませんでした。
　20年が過ぎ、JKFanに「開脚」の記事を書かせてもらう縁がありました。しかも、「開脚」のセミナーを行なうチャンスにも恵まれました。そこで、開脚ができるようになって喜んでいる人たち（涙ぐんでいる人もいた!）を見て、これは「されど開脚」なのだなと気付きました。

　もしかしたら、自分が失った「開脚」とは大事だったのかもしれないと考えるようになり、少しずつやり直してみることにしました。しかし、昔の柔軟性は中々戻りません。むしろ、開脚ができた頃のイメージがあるため、喪失感と焦りばかりが先走ります。開脚のできない人たちの気持ちがわかりました。それから本格的に「開脚」に取り組み、色々な角度から学んできました。

　本書は、私にとってJKFanとの「再会」であり、「再び開脚」の「再開」なのです。指導するというよりは、お互い開脚ができるように、頑張っていく人たちと手をたずさえていければ良いと願っています。

　開脚に根性はいらないのです。
　ただし、根気はいると思います。

五反田ワークアウト代表

永田一彦

推薦のことば

センセイと初めて会ったのは、まだ読売クラブでサッカーをしていた頃でした。膝のコンディションが悪くてトレーニングをみてもらったのがきっかけです。

それから、ヴェルディ川崎、京都サンガ、東京ヴェルディ、引退試合まで、トレーニングとストレッチを二人で相談しながらやってきました。

ペアで行うストレッチはサッカー選手のために考え出されたもので、私のアキレス腱痛と腰痛には良かったと思います。また、トレーニングは、センセイが「人間筋トレマシーン」をやってくれたので苦しく楽しくできました。

センセイは、引退したら、もうストレッチもトレーニングもしなくてよいと、ホッとしたようですが……その後も、他の選手の引退試合や、OBの試合に出るために、私のパートナーをしてくれます。良いアミーゴです。

この本は、センセイの楽しく苦しい（？）トレーニングが満載です。

空手の先生から「とても良い鍼（はり）の先生がいるので、いってみないか？」といわれたのが、はじまりです。

２００９年に永田先生の治療をうけました。とても長い鍼で、20㎝はあったような……。でも、ふしぎなことに、ほとんど血がでません。少しは出ます！

それから、定期的にお世話になり、私の母国ベトナムにも、フランスでの世界大会にも来ていただきました。

しかし、先生の本当の仕事は、トレーニングを指導したり、ストレッチを教えることなのです。

トレーニングはとてもユニークで、木やボールなど、いろいろな道具を使い、バランスを調整していくものでした。

そのトレーニングをすると、ふしぎと、蹴りや突きのスピードがはやくなるのです。また、ストレッチもオリジナルのやり方をしています。

そんな永田先生の書いた『新絶対開脚バイブル』を使い、練習をくりかえすことで、空手の幅が広がっていくと思います。

サッカー元日本代表
ＪＦＡ公認Ｓ級コーチ
ラモス瑠偉

空手元世界チャンピオン
ベトナム空手道連盟ナショナルコーチ
グェン・ホアン・ナン

もくじ

もくじ

序章　開脚とは

開脚とは、「座位で脚を開き（できれば180度）、そのまま身体を前に倒して、床にピッタリ胸がつき、そこでニッコリ」というイメージではないでしょうか。しかも、万人が認める柔軟性の証と言われています。
「その通り！」と思っている人たちの考えを変えていきたいと思っています。少々難しい言い方をしますと、「開脚とは柔軟性が必要条件であるが、充分条件ではない」ことに気付いて欲しいのです。

呼吸と動きの関係性

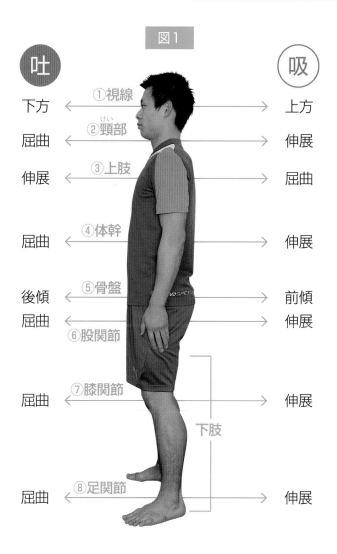

図1

吐　　　　　　　　　　　　　　　　　　　吸

下方　←①視線→　上方

屈曲　←②頸部(けい)→　伸展

伸展　←③上肢→　屈曲

屈曲　←④体幹→　伸展

後傾　←⑤骨盤→　前傾

屈曲　←⑥股関節→　伸展

屈曲　←⑦膝関節→　伸展

下肢

屈曲　←⑧足関節→　伸展

　開脚はできるのに運動はできない人たちがいることを御存じですか。その人たちは、開脚しかできないのです。つまり、開脚をさまたげる筋肉がなく、筋肉がルーズだという可能性があります。

　そう、開脚ができないあなたは、開脚をさまたげる筋肉があるのかもしれません。

　開脚できない人の姿勢を部位ごとに見ると、8ページ「図2」のような特徴があります。開脚という動きをさまたげている筋肉とは、具体的に「脚を閉じ、後ろへ倒し、背中を丸める筋肉」です。これらの筋肉は、呼気によって力が入ります。ただし、脚の開閉については、脚の向きによって、吸気呼気の両方が考えられます（図1）。

開脚できない人の特徴

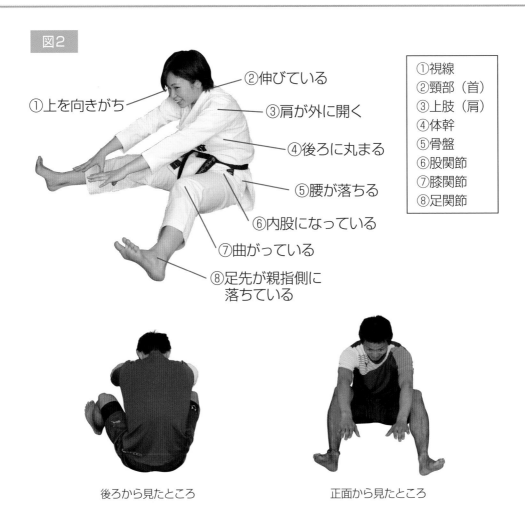

図2

① 上を向きがち　①視線
② 伸びている　②頸部（首）
③ 肩が外に開く　③上肢（肩）
④ 後ろに丸まる　④体幹
⑤ 腰が落ちる　⑤骨盤
⑥ 内股になっている　⑥股関節
⑦ 曲がっている　⑦膝関節
⑧ 足先が親指側に落ちている　⑧足関節

後ろから見たところ　　　　正面から見たところ

　ここでは、脚を閉じるのは吸気によると考えると、開脚のポジションは呼気吸気のコーディネーションがうまくいっていると考えてよいと思います。つまり、上半身と下半身が異なった動きをしており、これが開脚を動かしているのです。

　また、筋肉には姿勢筋と相動筋があり、姿勢筋は硬化し、相動筋は筋力低下しています。

　本書1章から8章の部位別プログラムと、9章・10章の応用プログラムは、姿勢筋と連動している相動筋を同時に働かせるために、呼吸と動きで柔軟性を作り出します。

部位別 ８つの開脚プログラム

1 首

2 肩

3 体幹（四つんばい）

4 体幹（伏臥位）

5 骨盤

6 膝関節

7 股関節

8 足

　Part 2 では、特に姿勢筋に特化したストレッチを載せています。このストレッチを先に行なっても良いと思います。Part 1は「連動」を中心にエクササイズを組みましたので、どの章からやってみても良いと思いますが、なるべく自分ができそうなものから選んでください。

　こんな事までやるのか、と考えるより、これだけやればできるのか、と考えてくれるといいですが……。

姿勢筋

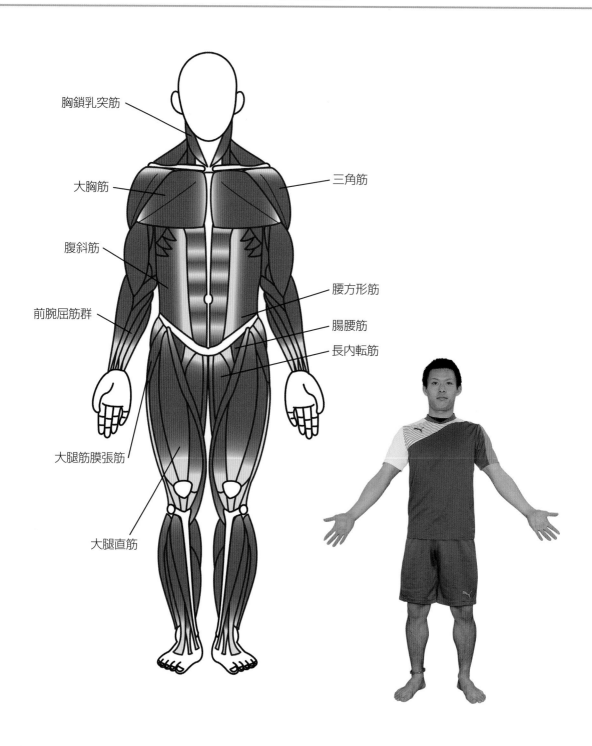

胸鎖乳突筋

大胸筋

腹斜筋

前腕屈筋群

大腿筋膜張筋

大腿直筋

三角筋

腰方形筋

腸腰筋

長内転筋

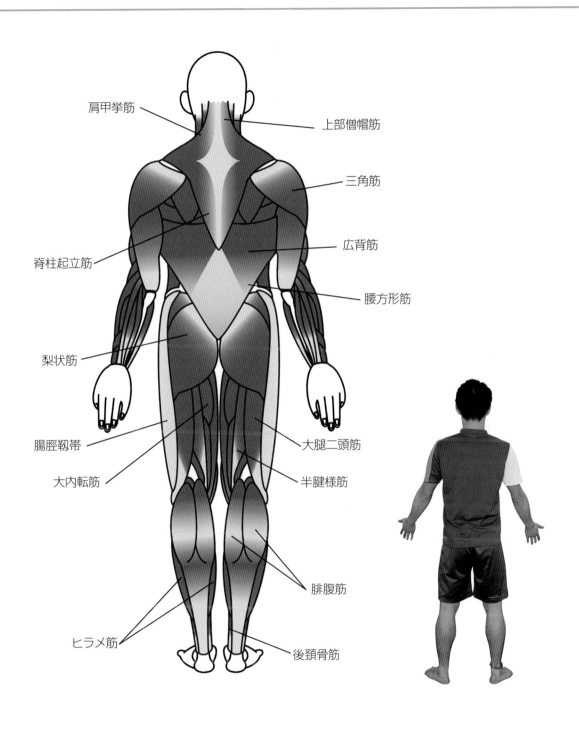

肩甲挙筋

上部僧帽筋

三角筋

脊柱起立筋

広背筋

腰方形筋

梨状筋

腸脛靭帯

大腿二頭筋

大内転筋

半腱様筋

腓腹筋

ヒラメ筋

後頚骨筋

　一般的に、すべての筋は姿勢（支持）と相動（運動）の両方の機能を行ないますが、これらの筋は主な機能が姿勢の支持に関わるものです。

part 1

部位別 8つの開脚プログラム

1章から8章までは、身体を8つの部位に分け、部位ごとに開脚をさまたげる筋肉の動きを改善していくプログラムになっています。できそうな章から選んでやってみてください。

どの章のエクササイズも、開脚とはまったく違う姿勢で行なっているので、不思議に思う方がいるかもしれません。人間の身体は複雑にできており、どこが硬くなっており、どこが緊張しているか一概にはわからないものです。そこで、どの部位が緊張しているか探しやすくしたのが部位別の8つの開脚プログラムです。

開脚の姿勢が辛い人も、取り組みやすいよう、立位や座位、また、寝ながらできるエクササイズで構成しました。
これらのプログラムを行なってから開脚の姿勢を取ってみてください。

また、各章はさらに次のように分かれています。
できそうなエクササイズから挑戦してみてください。
①ニュートラルポジション
　（もっとも基本的な姿勢のエクササイズ）
②プラスアルファ
　（①に道具をプラスして難易度を上げたもの）
③前後
　（スタンスを前後に開き、空手の動きに近づけたもの）
④前後プラスアルファ
　（③に道具をプラスして難易度を上げたもの）

1章

首

第1章　短縮する筋肉

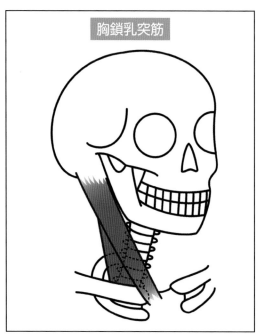

胸鎖乳突筋

本章で意識する筋肉は、胸鎖乳突筋、肩甲
挙筋、僧帽筋上部である。

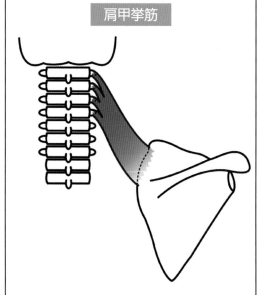

肩甲挙筋

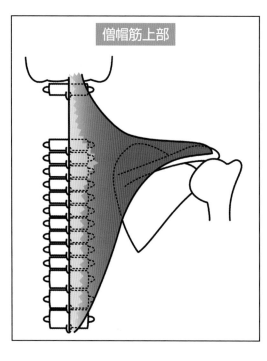

僧帽筋上部

首からの連動

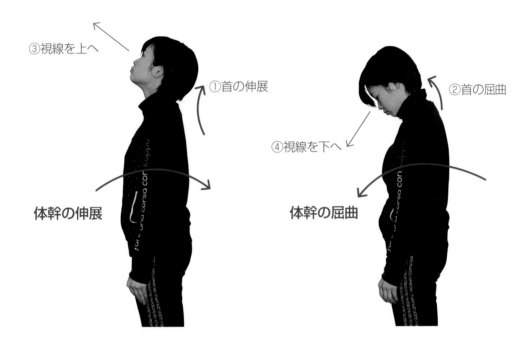

③視線を上へ
①首の伸展
②首の屈曲
④視線を下へ
体幹の伸展
体幹の屈曲

　首と体幹は次のように連動しており、本章のエクササイズはこの作用を利用して効果をねらっている。
①首の伸展は、体幹の伸展を促通する。
②首の屈曲は、体幹の屈曲を促通する。

　同様に、視線の上下も体幹の動きを助ける相互作用がある。武道では目付（めつけ）と言って視線を重要なものと位置づけているが、解剖学的にも説得力ある教えだと言える。
③視線の上方への動きは、体幹の伸展を促通する。
④視線の下方への動きは、体幹の屈曲を促通する。

〈頚部の動きに関連する筋肉〉

・前屈：胸鎖乳突筋、僧帽筋　　・後屈：頭板状筋、僧帽筋
・側屈：斜角筋　　　　　　　　・回旋：僧帽筋

1

足を肩幅に開いて膝を曲げ、膝に手をおく。
①息を吸ったら首を挙げ、②吐いたら戻る。
③息を吸って右を向き、④息を吐いて左を向く。ゆっくり繰り返そう。

2

足を肩幅に開いて膝を曲げ、両手を膝におく。目線は斜め前。
①両膝を曲げたら膝を握り、②膝を伸ばしたら両手の指を広げる。
③④逆の動きも行なう。

3

足を肩幅に開いて膝を曲げ、内側に両手をおく。①息を吐いたら、肘を曲げたまま肩から内側へ回し、②吸ったら外へ回す。
③④両膝の外側に手をおき同様に行なう。

4

足を肩幅に開いて膝を
曲げ、腕をクロスして膝
の外側を持つ。
①息を吸ったら胸から前
へ伸び、②吐いたら胸か
ら戻る。
③膝の内側を持って同
様に行なう。

5

足を肩幅に開いて両
膝に手をおく。①息
を吐いたら膝を曲げ、
②吸ったら膝を伸ば
す。
③④膝の裏側を持っ
て同様に行なう。

6

足を肩幅に開いて膝を
曲げ、腕をクロスして
膝に手をおく。膝は軽
く曲げる。①息を吸っ
たらかかとを挙げ、②
吐いたら降ろす。
③④膝の曲げ伸ばしも
加えて行なう。

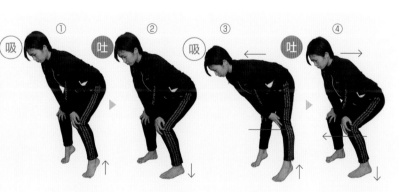

プラスアルファ（フラットベンチ）

1

足を広めに開いてベンチに座り、両手で端を持つ。
①息を吸ったら首を挙げ、②吐いたら下げる。
③息を吸ったら斜め上を向き、④吐いたら斜め下を向く。

2

両手を交差させてベンチを持つ。
①息を吸ったら首を挙げ、②吐いたら下げる。
③息を吐いたら横を向き、④吸ったら元に戻る。

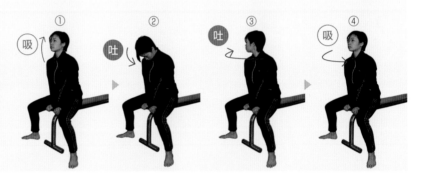

3

片手でベンチを持ち、片手は膝へ。
①息を吸ったらベンチを握った手の方へ倒し、②吐いたら戻る。
③息を吸ったら肘を曲げながら膝側の手の方へ倒し、④吐いたら戻る。

4

片手でベンチを持ち、片手は膝へ。
①息を吸ったらベンチを握った手の方へ捻り、②吐いたら戻る。
③息を吸ったら肘を膝側の手の方へ捻り、④吐いたら戻る。

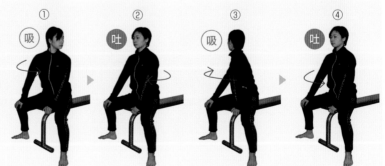

前後

1

足を肩幅に開いて膝を曲げ、手をおく。
①片足を下げ、元に戻る。②片足を一歩前へ出し、元に戻る。
③片足を45度外へ開き、元に戻る。

2

足を前後に開いて膝を曲げ、前の膝を両手で挟む。
①息を吐きながら両肘を開き、②吸いながら閉じる。
③息を吐きながら片肘を閉じ、④吸いながら戻る。

3

足を前後に開いて膝をつき、前足の膝と足首を持つ。
①息を吐いたら膝を握り、後ろ足の膝を曲げ、②吸ったら指を離し、膝を伸ばす。
③④逆を行なう。

4

足を斜めに開いて膝を
曲げ、前の膝を両手で
挟む。
①膝を内へ回したら息
を吸い、②外へ回した
ら息を吐く。
③④両手で足首を挟ん
で同様に行なう。

5

足を斜めに開いて、
前の膝を両手で挟む。
①吸ったら後ろの膝
を伸ばし、②吐いたら
曲げる。
③④片手で膝、片手
で足首をつかんで同
様に行なう。

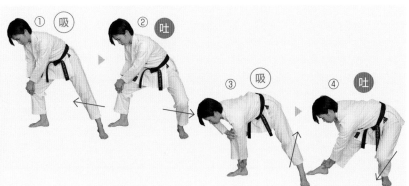

6

足を前後に開いて膝
を曲げ、前の膝を両
手で挟む。
①前足のかかとを挙
げながら息を吸い、
②吐きながら下ろす。
③④後ろ足で同様に
行なう。
⑤⑥両足で同様に行
なう。

前後プラスアルファ（ボール）

1

足を前後に開いて後
ろ足をバランスボー
ルに載せる。前膝を
両手で挟む。
①息を吸ったら後ろ
足を伸ばし、②吐い
たら曲げる。

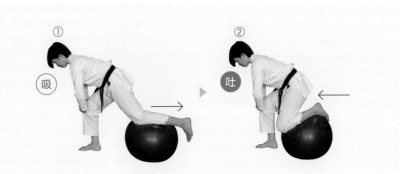

2

足を前後に開いて後
ろ足をバランスボー
ルに載せる。前膝を
両手で挟む。
①息を吸ったら前足
のかかとを挙げ、②
吐いたら下ろす。

3

足を前後に開いて前
足をバランスボール
に載せる。前膝を両
手で挟む。
①②1と同様に前足
を曲げ伸ばしする。
③④2と同様に後ろ
のかかとを上下する。

4

足を左右に開いて片足を
バランスボールに載せ、
軸足の膝を両手で挟む。
①②1と同様にボールに
載せた足を曲げ伸ばしす
る。
③④2と同様に軸足のか
かとを上下する。

ついでに治る—上位交差性症候群

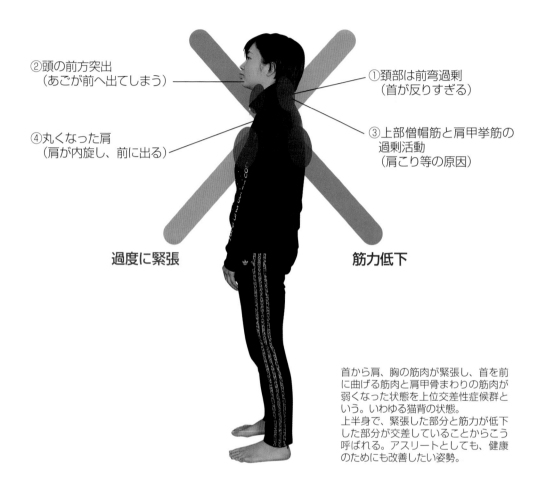

②頭の前方突出
（あごが前へ出てしまう）

①頚部は前弯過剰
（首が反りすぎる）

④丸くなった肩
（肩が内旋し、前に出る）

③上部僧帽筋と肩甲挙筋の
過剰活動
（肩こり等の原因）

過度に緊張

筋力低下

首から肩、胸の筋肉が緊張し、首を前に曲げる筋肉と肩甲骨まわりの筋肉が弱くなった状態を上位交差性症候群という。いわゆる猫背の状態。
上半身で、緊張した部分と筋力が低下した部分が交差していることからこう呼ばれる。アスリートとしても、健康のためにも改善したい姿勢。

　姿勢筋（赤）が緊張し、相動筋（青）が筋力低下することを上位交差性症候群といい、次のような典型的な姿勢になります。
①首は前弯過剰
②頭の前方突出
③上部僧帽筋と肩甲挙筋の過剰活動
④丸くなった肩（回旋し、外転）
　このような姿勢で筋力強化を行なうと、本来の正しい動きとは異なる運動を用いて筋力が達成されてしまいます。パフォーマンスを発揮できないどころか、身体に偏った負担がかかり、ケガを誘発する可能性も高くなります。
　上位交差性症候群は、首からの連動を通して適切な筋力発達を行なうことにより、正常化することができます。

2章

肩

第2章 短縮する筋肉

本章で意識する筋肉は、前腕屈筋群、三角筋鎖骨部・肩峰部・肩甲棘部である。

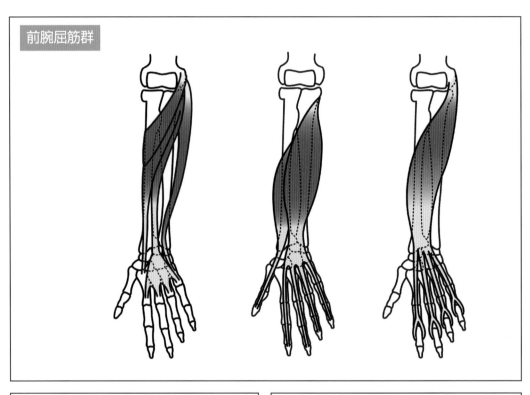

前腕屈筋群

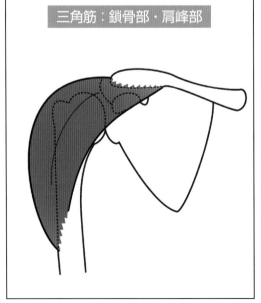

三角筋：鎖骨部・肩峰部

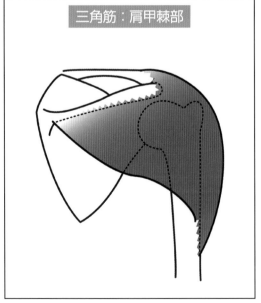

三角筋：肩甲棘部

肩からの連動

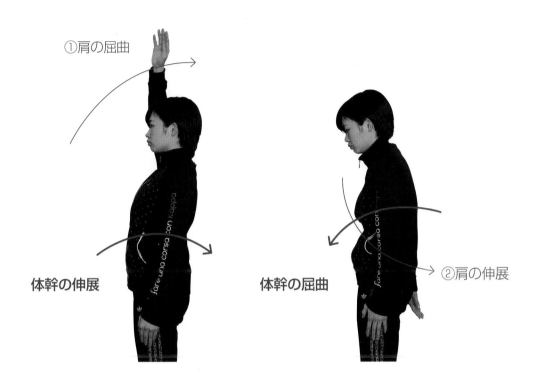

①肩の屈曲

体幹の伸展

体幹の屈曲

②肩の伸展

　　肩と体幹は次のように連動しており、本章のエクササイズはこの作用を利用して効果をねらっている。
①肩の屈曲の動きは、体幹の伸展を促通する。
②肩の伸展の動きは、体幹の屈曲を促通する。

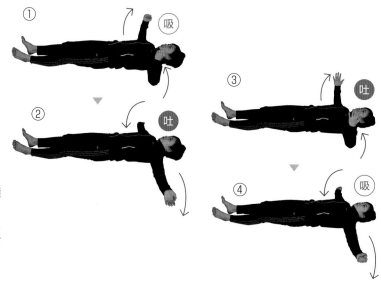

1

仰向けに寝て、腕を真横
に伸ばす。
①息を吸ったら肘を曲げ、
手を握る。②吐いたら肘
を伸ばし手を開く。
③④逆の動きも行なう。

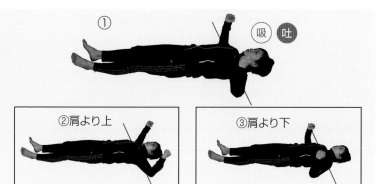

2

仰向けに寝て、肩の高さ
で肘を曲げて手を握る。
①息を吸ったら胸を張り、
吐いたら戻す。
②③肘の位置を変えて同
様に行なう。

3

仰向けに寝て、腕を真横
に伸ばす（手のひらが下）。
①息を吸ったら腰をあげ、
②吐いたら戻る。
③④手の位置を変えて同
様に行なう。

4

仰向けに寝て両膝を立てる。
①息を吸ったらつま先をあげ、腰
をあげる。②吐いたら戻す。
③息を吸ったらかかとをあげ、腰
をあげる。④吐いたら戻す。

5

仰向けに寝て、腕を真上
に伸ばす。
①息を吸ったらつま先を
伸ばし、②吐いたらつま
先を上に向ける。
※かかとは床から離さな
いように。
③④逆の動きも行なう。

6

仰向けに寝て、腕を横に伸ばす。
①息を吸ったら股関節を外に回
し、手のひらを上に向けて回す。
②吐いたら股関節を内に回し、
手のひらを下に向けて回す。
③④逆の動きも行なう。

プラスアルファ（ストレッチポール）

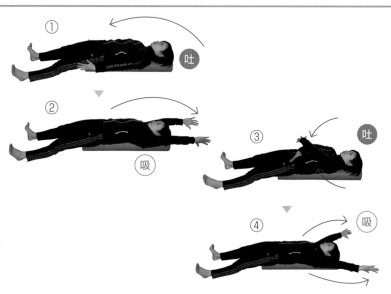

1

ストレッチポールに仰向けに寝る。
①息を吐いたら腕を体側に下ろし、②吸ったら上げる（手のひら内）。
③息を吐いたら腕を交差して下ろし、④吸ったら斜めに上げる。

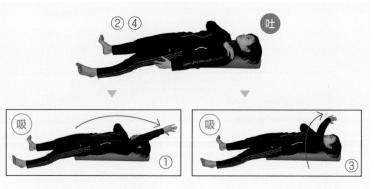

2

ストレッチポールに仰向けに寝て、左肩を持つ。
①息を吸ったら左腕を上げ、②吐いたら戻す。
次に、③息を吸ったら左腕を斜めに上げ、④吐いたら戻す。

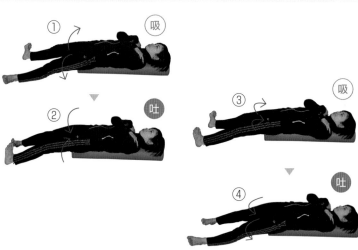

3

ストレッチポールに仰向けに寝て、両肩を持つ。
①息を吸ったら両脚を外に回し、②吐いたら内に回す。
③④交互に内と外に回す。

4

ストレッチポールに仰向
けに寝て、片腕を上げる。
①息を吸ったら下の手側
の脚を外に開き、②吐い
たら戻す。
③息を吸ったら上の手側
の脚を外に開き、④吐い
たら戻す。

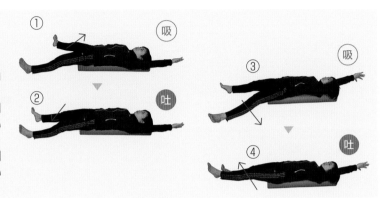

5

ストレッチポールに仰向
けに寝て、片手を胸の前、
片手を横へ伸ばす。
①息を吸ったら横の手側
の足を押し出し、②吐い
たら戻す。
③息を吸ったら胸の前側
の足を押し出し、④吐い
たら戻す。

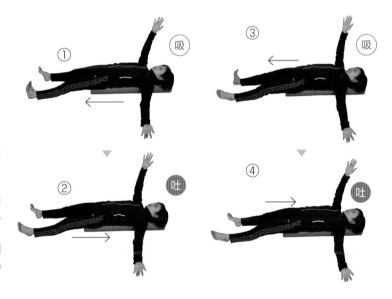

6

ストレッチポールに仰向
けに寝て、膝を立て、両
手を胸の前に伸ばす。
①息を吸ったら両膝を開
き、②吐いたら戻す。
③息を吸ったら両手を横
へ開き、④吐いたら戻す。

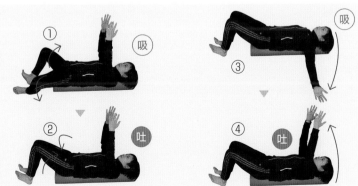

前後

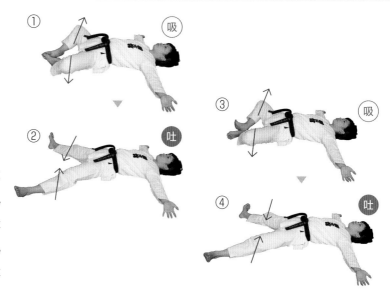

1

仰向けに寝て両手は横に
開く。
①息を吸ったら膝を曲げ
てつま先を合わせ、②吐
いたら開く。
③息を吸ったら膝を曲げ
てかかとを合わせ、④吐
いたら開く。

2

仰向けに寝て両手は横に
開き、両膝を曲げてつま
先をつける。
①息を吸ったら腰を上げ、
②吐いたら下ろす。
③かかとをつけた姿勢で
同様に行なう。

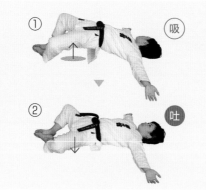

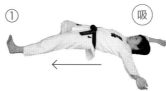

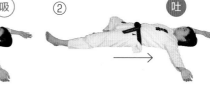

③かかとをつける

3

仰向けに寝て、片手は上、
片手は横へ伸ばす。上の
手側の膝を曲げる。
①息を吸ったら伸ばした
側の足を押し出し、②吐
いたら戻す。
③④脚の角度を変えて同
様に行なう。

③30度

④45度

4

仰向けに寝て、片手は上、片手は横へ開く。横の手側の膝を立てる。
①伸びている脚を外へ回し、横の手を回す。②吐いたら戻す。
③④同じ脚で上の手を回す。

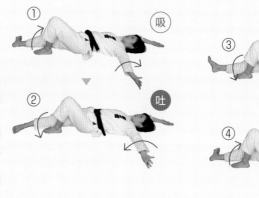

5

4と同じ姿勢から始める。
①息を吸ったら上の手と足を押し出し、②吐いたら戻す。
次に、③息を吸ったら横の手と足を押し出し、④吐いたら戻す。

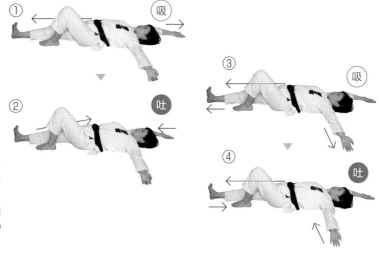

6

4と同じ姿勢から始める。
①息を吐き、②息を吸ったら曲げている脚のつま先を上げ、腰を上げる。
次に、③息を吸ったら軸足の足首を曲げ、腰を上げる。

1

ストレッチポールに仰向けに寝る。両手は下に。
①息を吸ったら脚を上げ、
②吐いたら降ろす。
③④手の位置を変えて同様に行なう。

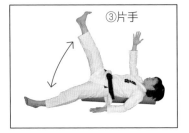

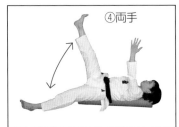

2

1と同じ姿勢で始める。
①息を吸ったら上げた脚を外に回し、②吐いたら内に回す。
③腕、④脚と腕で同様に行なう。

3

1と同じ姿勢で始める。
①息を吸ったら上げた脚を横に開き、②吐いたら元に戻す。
③④手の位置を変えて同様に行なう。

4

ストレッチポールに仰向
けに寝る。
①息を吸ったら片膝を曲
げ、②吐いたら戻す。
③息を吸ったら片膝を曲
げ、反対側の手を上げ、
④膝を伸ばしながら腕を
降ろす。

5

ストレッチポールに仰向
けに寝て、両膝を立てる。
①息を吸ったら両膝を開
き、②吐いたら閉じる。
③④足の幅を広くして同
様に行なう。

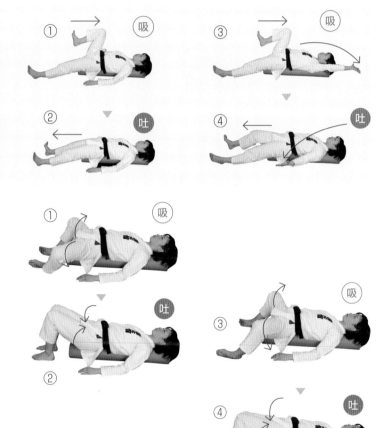

6

ストレッチポールに仰向
けに寝て、片膝を曲げ、
両手を上へ。
①息を吸ったら膝を外に
開き、②吐いたら内へ倒
す。
③④股関節の内外転と、
内外旋を行なう。

③股関節を内外転

④伸ばした脚の内外旋

ついでに覚える肩甲骨の内転

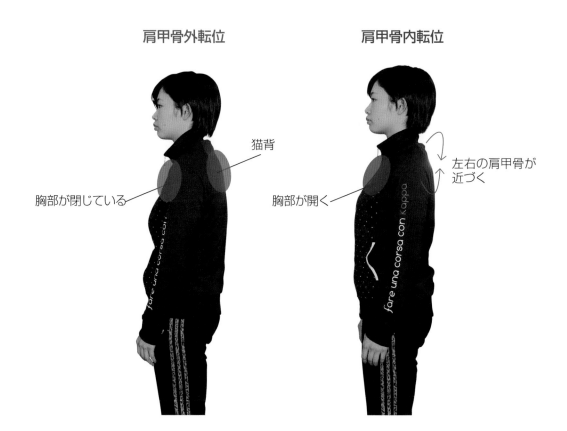

肩甲骨外転位　　　　　　　　　　肩甲骨内転位

猫背

胸部が閉じている　　　　　　　　胸部が開く

左右の肩甲骨が
近づく

　　スポーツの世界では、肩甲骨外転位をとることが多いため、胸部は閉じた状況が長く、猫背姿勢の選手が見られます。

　　フォームローラーを用いたストレッチを行なうことで、肩甲骨内転に対する意識を高めます。

　　肩甲骨の内転は、胸部を開き、外転位のままで動作を行なう選手に見られる肋軟骨の疲労骨折を予防します。

　　また、ストレッチを通じて内転動作のトレーニングを可能にし、胸肋部の動きの制限及び筋肉の制限を緩和し、上腕の自然な動きを可能にします。

3章

体幹 I

短縮する筋肉

本章で意識する筋肉は、大胸筋、広背筋である。

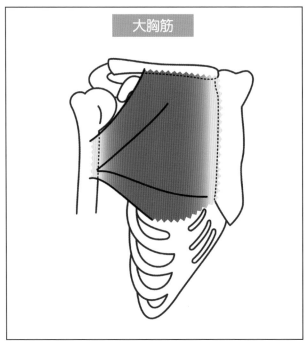

大胸筋

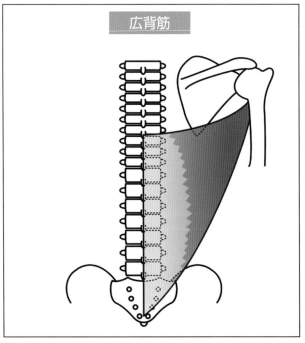

広背筋

体幹からの連動Ⅰ

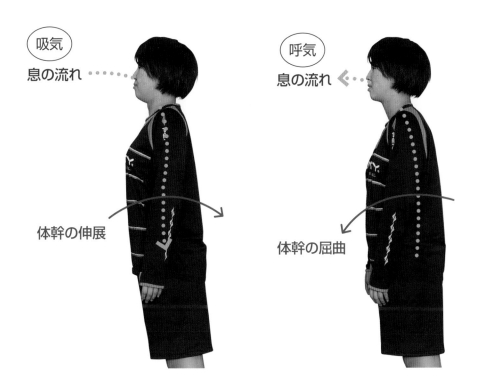

吸気

息の流れ ･･････

体幹の伸展

呼気

息の流れ ◀･･･

体幹の屈曲

　呼吸と体幹の動きは連動しており、本章のエクササイズはこの作用を利用して効果をねらっている。

①吸気（吸う息）は体幹の伸展を促通する。

②呼気（吐く息）は体幹の屈曲を促通する。

　競技スポーツにおいても、理想的な動きを作るために呼吸のコントロールは欠かせない。一方、トレーニングでは上記にもとづいた呼吸が原則だが、あえて逆の呼吸を行ない身体に刺激を与えることも可能である。

ニュートラルポジション

1

両手、両足を肩幅に開き
四つんばいになる。膝と
かかとは床につけない。
①息を吐いたら手の指を
挙げ、身体を後ろへ押す。
②息を吸ったら前へ押し
出す。
③④片手で同様に行なう。

2

1と同じ姿勢から始める。
①息を吐いたら指を挙げ
て後ろへ押し、両腕を内
側に回す。②吸ったら前
へ押し出し、両腕を外側
に回す。
③④片腕で同様に行なう。

3

両手を床で交差させ、両
足は肩幅に開く。①息を
吐いたら手の指を挙げ、
後ろへ押し、②息を吸っ
たら前へ押し出す。
次に、両手を肩幅に広げ、
足は交差させる。③息を
吐いたら手の指を挙げ、
後ろへ押し、④吸ったら
前へ押し出す。

4

両手は肩幅、足はつま先を
外側に向けて開く。
①息を吐いたら手の指を挙
げ、後ろへ押し、②息を吸っ
たら前へ押し出す。
③④つま先の方向を変えて
同様に行なう。

③つま先を正面

④つま先を内側

5

手は肩幅で前後にずらし、
足は肩幅に開く。①息を
吐いたら手の指を挙げ、
後ろへ押し、②息を吸っ
たら前へ押し出す。
③④両手は肩幅、足は前
後にずらして同様に行なう。

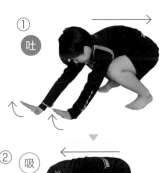

6

両手は左斜め方向へ、つ
ま先は右斜め方向に向け
て始める。
①息を吐いたら手の指を
挙げ、後ろへ押し、②息
を吸ったら前へ押し出す。
③④両手両足ともに左斜
め方向に向けて同様に行
なう。

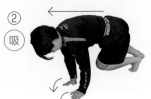
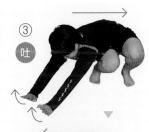

プラスアルファ（顔面踏っ子）

用意の姿勢

①

②

③

④

1

用意の姿勢になる。
①②片手を少しずつ外側へ移動
し、元に戻る。
③④片足を一歩ずつ横へ移動し、
一歩ずつ戻る。
左右の手、足で行なう。

用意の姿勢

①

2

用意の姿勢になる。
①片手で目→鼻→口の順に移動
し、元に戻る。
②片足で鼻→目→まゆ毛の順に
移動し、元に戻る。

②

用意の姿勢

① ②

3

用意の姿勢になる。
①② **1** の横移動を手足同時に行
なう。
③④ **2** の縦移動を手足同時に行
なう。

③

④

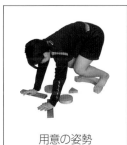

用意の姿勢

①

4

用意の姿勢になる。
①片手で目→鼻→口→鼻→
反対側の目→反対側のまゆ
毛の順に移動し、元に戻る。
②片足で鼻→目→まゆ毛→
反対側のまゆ毛→反対の目
→鼻の順に移動し、元に戻
る。

②

1

四つんばいになり、肘から先を床につける。
①息を吐きながら、背中を丸め、②吸いながら元に戻る。
③④腕の位置を変えて同様に行なう。

③肘から先を横

④片手を横

2

四つんばいになり、片膝を伸ばす。
①息を吐きながら、背中を丸め、②吸いながら元に戻る。
③息を吐いたら伸ばした脚の股関節を外に回し、④吸ったら内に回す。

3

四つんばいになり、片手で同じ側の膝を持つ。
①息を吐きながら、背中を丸め、②吸いながら元に戻る。
③④片手で反対側の膝を持って同様に行なう。

4

四つんばいになり、片脚を横
へ伸ばし、かかとをつける。
①息を吐きながら背中を丸
め、②吸いながら元に戻る。
③息を吐いたら伸ばした脚の
股関節を外に回し、④吸った
ら内に回す。

① 吐　② 吸　③ 吐　④ 吸

5

四つんばいになり、片手を頭
の後ろへおく。両足を左なな
めにそろえる。
①息を吐きながら背中を丸
め、②吸いながら元に戻る。
③④足を右ななめにそろえ
て同様に行なう。

① ② 吐 吸　③ 吐　④ 吸

6

四つんばいになり、片膝
を伸ばす。
①息を吐きながら両肩を
内に回し、②吸いながら
外に回す。
③吸いながら脚の膝を曲
げ、外に回し、④吐きな
がら内へ回す。

① 吐　② 吸　③ 吐　④ 吸

第3章　前後プラスアルファ（三角ボード）

用意の姿勢

①

②

1

用意の姿勢になる。
①片足を一歩ずつ後ろへ移動し、戻る。
②左右の足を交互に後ろに移動し、戻る。

用意の姿勢

①

②

2

用意の姿勢になる。
①片手を一つずつ後ろへ移動し、戻る。
②左右の手を交互に一つずつ後ろに移動し、戻る。

用意の姿勢

①

②

3

用意の姿勢になる。
①同側の手と足を一つずつ移動し、戻る。
②対側の手と足を交互に移動し、戻る。

4

用意の姿勢になる。
①片足を一歩ずつ横へ移動し、
戻る。
②左右の足を交互に一歩ずつ横
に移動し、中央で足がそろった
ら戻る。

用意の姿勢

5

用意の姿勢になる。
①片手を一つずつ横へ移動し、
戻る。
②左右の手を交互に一つずつ横
に移動し、中央で手がそろった
ら、一歩ずつ戻る。

用意の姿勢

6

用意の姿勢になる。
①同側の手と足を一つずつ動かす。
②対側の手と足を交互に移動し、戻る。

用意の姿勢

コラム　ついでに覚える３つの呼吸法

　人は無意識に３つの呼吸法を使うことで、身体と動きとの調和をはかっています。

1　胸式呼吸（きょうしきこきゅう）
　　息を吸った時に胸部が開き、息を吐いた時に収縮します。
　　あまり横隔膜の動きはわかりません。

2　腹式呼吸（ふくしきこきゅう）
　　息を吸った時に横隔膜が下がり、息を吐いた時に横隔膜が上がります。

　この２つは、通常の呼吸について胸部と横隔膜の動きを別々に表現しただけです。
　この本では、この２つを調和するように動かしています。
　呼吸と身体の動きが合わないと、筋肉が伸びづらい状態になり、ストレッチ感が強く感じます（筋肉が伸びているというより、伸ばされている感じです）。

3　逆腹式呼吸（ぎゃくふくしきこきゅう）
　　息を吸った時に少し背中を丸め、息を吐いた時に背中を伸ばすようにします。
　　つまり、１と２と、動きと呼吸が逆になります。

　逆腹式呼吸は、武道で使われている呼吸で、動きが合ってくると可動域が大きくなり、強いストレッチ感はなくなります。ここでは名称を覚えてください。

4章

体幹 II

第4章 短縮する筋肉

本章で意識する筋肉は、脊柱起立筋、外腹斜筋である。

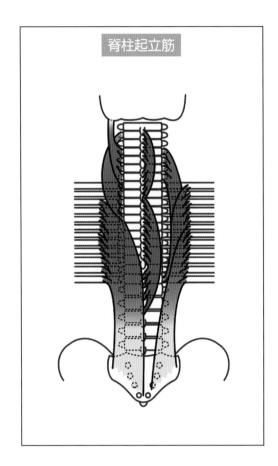

脊柱起立筋

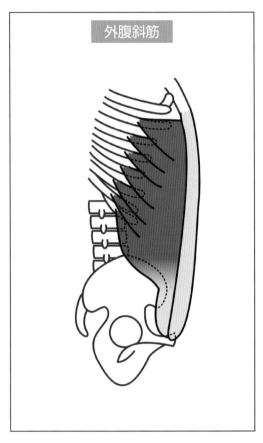

外腹斜筋

体幹からの連動 II

①視線の上方への動き

②視線の下方への動き

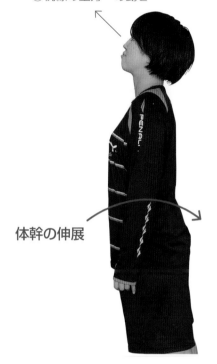

体幹の伸展

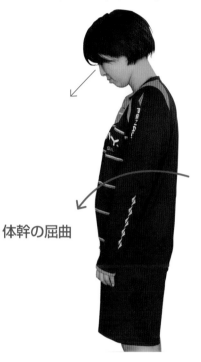

体幹の屈曲

　体幹の動きは視線とも連動している。
①視線の上方への動きは体幹の伸展を促通する。
②視線の下方への動きは体幹の屈曲を促通する。

　「一眼二足三胆四力」——目付（めつけ）がもっとも大切で、次に足腰（つまり立ち方）、3番目に胆力（気持ち）、4番目に力が挙げられる、という言葉がある。このように、武道では目付が重要視されている。
　先人たちは、視線と身体との関連を見抜いていたのかもしれない。「一眼二足三胆四力」は、解剖学の見地から考えても的を得ていると言えそうだ。

1

うつ伏せに寝て、つま先を立てる。
①息を吸ったら、かかとを後ろへ押し出し、②吐いたら前へ押し出す。
③左右のかかとを交互に押し出す。
④息を吸ったら肩から前へ押し出し、⑤吐いたら引き下げる。
⑥左右の手を交互に押し出す。

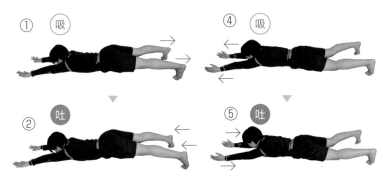

2

うつ伏せに寝て、手は斜め方向に開く。足首は曲げたまま行なう。
①息を吸ったら股関節を外へ回し、かかとをつける。②吐いたら股関節を内へ回す。
③④左右交互に股関節を内と外に回す。

3

うつ伏せに寝て、手は斜め方向に開く。足首は曲げたまま行なう。
①息を吸ったら足をそろえ、②吐いたら軸足をこえて脚を反対側へ倒す。
③息を吸ったら両膝を曲げてかかとをつける。④吐いたら膝を曲げたまま、軸足をこえて脚を反対側へ倒す。

4

うつ伏せに寝て、両手は真横に開く。脚は広めに開き、足首を曲げたまま行なう。
①息を吐いたら膝を伸ばし、②吸ったら、かかとを合わせる。
③④交互に膝を曲げる。

5

うつ伏せに寝て、片手は上、片手は横に開く。足首を曲げたまま行なう。
①息を吸ったら足をそろえ、②吐いたら横に出した手側の脚を開く。
③息を吐いたら足をそろえ、④吸ったら後ろへ挙げる。

〈複合バージョン〉脚を開いた所から上へ

6

うつ伏せに寝て、両手は真横に開く。脚はそろえてつま先を立てる。
①②息を吸いながら頭を左右に倒す。
③④手の位置を変化させて同様に行なう。

③手を下

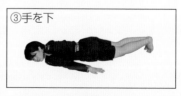

④片手は上、片手は下

1

ベンチの端に座り、床に
両手をつく。
①息を吸ったらかかとを
あげ、②吐いたら下ろす。
③④片足ずつ交互に行なう。

2

ベンチの端に座り、床に
両手をつく。
①息を吸ったら両腕を外
側に回し、②吐いたら内
側に回す。
③④左右交互に行なう。

3

ベンチにうつ伏せに寝て、
片脚を伸ばす。
①息を吸ったら脚を上げ、
②吐いたら下ろす。
③息を吸ったら膝を曲げ
て脚を上げ、②吐いたら
下ろす。

4

ベンチにうつ伏せに寝る。
①息を吸ったら伸ばした脚
を外へ開き、②吐いたら閉
じる。
③息を吐いて片手を前へ、
④吸ったら後ろへ上げ、指
先を見る。

5

ベンチにうつ伏せに寝る。
①息を吸ったら伸ばした
脚を内へ回し、②吐いた
ら外へ回す。
③息を吐いて片手を胸の
下に通し、④吸ったら手
を背中側へ上げ、指先を
見る。

6

ベンチにうつ伏せに寝る。
①息を吸ったら膝を曲げ
たまま内へ回し、②吐い
たら外へ回す。
③息を吸ったら片肘を曲
げたまま頭の上へ、④吐
いたら脇へ引きつける。

1

うつぶせに寝て、手は真横に、脚は肩幅より少し広く開く。
①息を吸ったら膝を伸ばし、②吐いたら曲げる。
③④つま先で支えながら脚を左右に倒す。

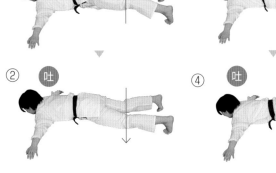

2

うつぶせに寝て、片膝を曲げる。
①息を吸ったら曲げている脚を内へ倒し、②吐いたら外へ倒す。
③息を吐いたら軸足を外に回し、④吸ったら内に回す。

3

うつぶせに寝て、両膝を曲げる。
①息を吸ったら足を開き、②吐いたら閉じてかかとをつける。
③④足を左右に倒す。

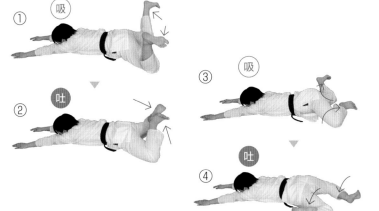

4

うつぶせに寝て、片手は前、片手は横へ伸ばす。上と横に膝を曲げる。
①息を吐いたら横の足を引き上げ、②吸ったら伸ばし、足首は曲げる。
③息を吐いたら上の足を外に倒し、④吸ったら内側に倒す。

コラム	ついでにやってるコンプレッションストレッチ

「プラスアルファ」と名付けたエクササイズでは、フラットベンチやストレッチポールを利用して異なる筋肉に軽い圧迫を与えています。これをコンプレッションストレッチといいます。

筋肉へ軽い圧迫を加えることにより、通常のストレッチとは異なる刺激を得られます。

主動筋を軽く圧迫しながら、筋肉の自動運動をすることで、弛緩した時により深い圧迫刺激となり、そのポイント自体が新しい筋の起始部または停止部となります。

つまり、本来の筋肉の起始部、停止部のストレッチでは効果が出ない時に有効です。

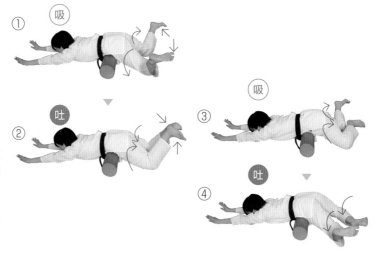

1

ストレッチポールの上に
うつぶせに寝て、両手は
前へ伸ばし、膝を曲げる。
①息を吸ったら足を開き、
②吐いたら閉じてかかと
をつける。
③④足を左右に倒す。

2

ストレッチポールの上に
うつぶせに寝て、両手は
横へ開き、片膝を曲げる。
①息を吸ったら膝を後ろ
に上げ、②吐いたら下げる。
次に、③息を吸ったら軸
足の足首を伸ばし、④吐
いたら曲げる。

3

ストレッチポールの上に
うつぶせに寝て、両手は
横へ開き、片膝を曲げる。
①息を吸ったら内へ回し、
②吐いたら外へ回す。
③息を吸ったら軸足の膝
を伸ばし、④吐いたら曲
げる。

4

ストレッチポールの上にう
つぶせに寝て、足首を持つ。
①息を吸ったら足首を持っ
たまま内へ回し、②吐いた
ら外へ回す。
③④軸脚で同様に行なう。

5

ストレッチポールの上に
うつぶせに寝て、片手は
前へ。足首を持つ。
①②息を吸ったら手で床
を押し、上体を起こし、
吐いて戻る。
③吸ったら軸足の膝を伸
ばし、④吐いたら曲げる。

6

ストレッチポールの上に
うつぶせに寝て、両足首
を持つ。
①息を吸ったら両足を上
げ、②吐いたら戻す。
③④左右交互に行なう。

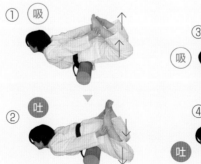

5章

骨盤

短縮する筋肉　肩と骨盤からの連動

本章で意識する筋肉は、腰方形筋、腸腰筋、梨状筋である。

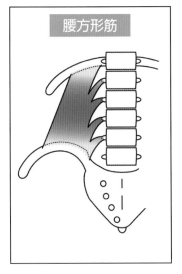
腰方形筋

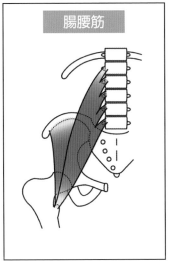
腸腰筋

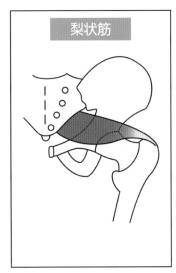
梨状筋

肩の屈曲

骨盤の前傾

肩の伸展

骨盤の後傾

　骨盤の動きは上肢と連動しており、本章のエクササイズはこの作用を利用して効果をねらっている。
①肩の屈曲の動きは骨盤の前傾を促通する。
②肩の伸展の動きは骨盤の後傾を促通する。

第 **5** 章　ニュートラルポジション

1

脚を組んで座り、息を吸っ
たら膝を開き胸を張る。
吐いたら膝と胸を近づけ
る。
①②両手を後ろへついて
行なう。
③④膝の間から手をつい
て行なう。
⑤⑥足首を持って行なう。

2

片脚を伸ばし、逆脚は足
首を太ももにのせ、膝に
手を置く。
①息を吸ったら手で膝を
押し、②吐いたら膝と胸
を近づける。
③息を吸ったら脚を伸ば
し、④吐いたら近づける。

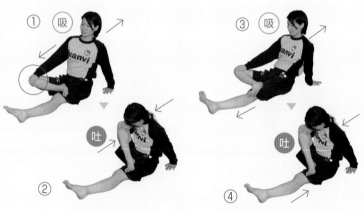

3

膝を立てて座り、片手を
膝の内側へ置く。逆手は
後ろに置く。
①息を吸ったら手で膝を
押し、②吐いたら膝と胸
を近づける。
③息を吸ったら脚を斜め
前に伸ばし、④吐いたら
膝と胸を近づける。

4

脚を組んで座り、両手を膝に
置く。
①息を吸ったら膝を押し身体
を前へ。②吐いたら膝を立て
る。
③両手を片膝にのせて行な
う。息を吸ったら膝を押し身
体を前へ。④吐いたら膝を立
てる。

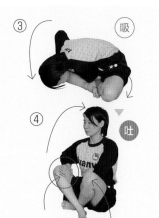

5

脚を組んで座り、膝を立
てる。片手は膝の外側か
ら内を持ち、もう片方の
手は身体の後ろへ置く。
①息を吐いたら背中を丸
め、②吸ったら抱えた膝
を開き、逆膝を倒す。
③④手の位置を変えて行
なう。

③手を内

④手を前

6

両膝を立てて座り、片手は同
側の膝の後ろを持ち、逆手は
後ろにおく。
①息を吐いたら膝と胸を近
づけるように背中を丸め、②
吸ったら抱えている脚は外へ
開き、逆脚は中央から斜め前
に伸ばす。
③④伸ばす方向を変えて行
なう。

③中央から前

④中央から横

1

あぐらをかき、膝の間に
ポールをおき、両手をの
せる。
①息を吐いたらポールを
押して膝と肘を上げ、②
吸ったら下ろす（手のひ
らを下）。
③④両手の甲を下にして
同様に行なう。

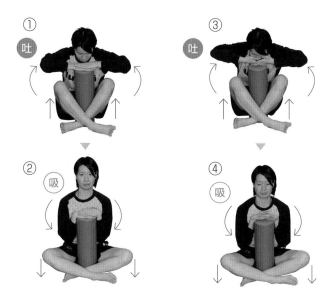

2

あぐらをかき、片膝の内
側にポールをおく。
①息を吐いたら膝と肘を
上げ、②吸ったらポール
を押す。
③反対の膝にポールをお
き同様に行なう。

③反対の膝

3

あぐらをかき、膝の上に
ポールをのせ、両端に手
をおく。
①息を吐いたら膝と肘を
上げ、②吸ったら下ろす。
③ポールの中央に手をお
き、同様に行なう。

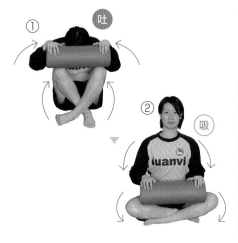

③手を中央

4

あぐらをかき、膝の間にポールをおき、両手をのせる。
①ポールを軸にして大きく右に回る。
②左回りに回る。

コラム	**ついでに治る下位交差性症候群**

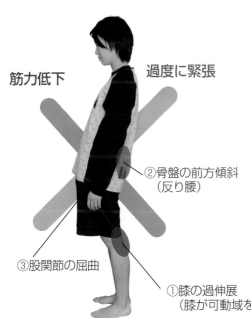

筋力低下　　　過度に緊張

②骨盤の前方傾斜
（反り腰）

③股関節の屈曲

①膝の過伸展
（膝が可動域をこえて伸びている）

姿勢筋（赤）が緊張し、相動筋（青）が筋力低下すると、次のような典型的なパターンになります。

①膝の過伸展
②骨盤の前方傾斜
③股関節の屈曲

このような状態が続くと、慢性的な腰痛、内側広筋の萎縮、膝の痛みなどが引き起こされます。骨盤からの連動を再教育することで、解決することが可能です。

1

片膝を立てて座り、手は
膝の上におく。
①息を吐いたら背中を丸
め、②吸ったら伸ばす。
③④同側の膝と足首に、
⑤⑥逆側の膝と足首に手
をおいて同様に行なう。

2

片膝を立てて座り、手は
後ろにつく。
①息を吸ったら立て膝側
の手を後ろ斜めに上げて
指先を見る。②吐いたら
逆の前へ下ろす。
③④手を下ろす位置を変
えて同様に行なう。

③
内から外へ

④
外から内へ

3

片膝を立てて座り、手は
後ろにつく。
①息を吸ったら立て膝と
逆側の手を後ろ斜めに上
げて指先を見る。②吐い
たら逆足の前へ下ろす。
③④手を下ろす位置を変
えて同様に行なう。

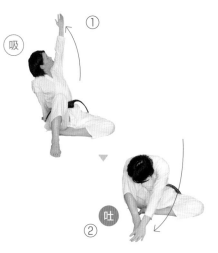

③
内から外へ

④
外から内へ

4

片脚を前へ伸ばして座り、両
手は後ろにつく。
①息を吸って胸を張り、②吐
いたら前脚を曲げ、逆足のく
るぶしに。
③④足の位置を変えて同様
に行なう。

③膝の内側

④膝の外側

5

あぐらをかいて座り、両
手を膝の中へつく。
①息を吐き、②吸いなが
ら左右の脚を交互に伸ばす。

6

片膝を立てて抱え、逆脚
は斜めに伸ばして座る。
①息を吸い、②吐いたら
逆足の後ろへ。
③④曲げる角度を変えて
同様に行なう。

③立て膝の上

④くるぶしの前

 ① 吸
 ③ 吸
 ⑤ 吸

 ② 吐
 ④ 吐
 ⑥ 吐

1

あぐらをかき、膝の間に
ボールをおき、両手をの
せる（手のひら下で）。
①息を吸ったらボールを
押し、②吐いたら戻す。
③④右膝、⑤⑥左膝にの
せて同様に行なう。

2

膝の上と下にボールをお
き、同側の手をのせる。
①息を吸ったらボールを
押し、②吐いたら戻す。
③④逆手でボールをおさ
えて行なう。

3

膝の間にボールを3つお
き、両手をのせる。
①息を吸ったらボールを
押し、②吐いたら戻す。
③④片手でボール、片手
を膝にのせ同様に行なう。

4

膝の間にボールを4つおき、両手をのせる。
①息を吸ったらボールを押しながら丸め、②吐きながら戻る。
③④身体を左右に捻る。

①吸　②吐

③左に捻る

④右に捻る

5

膝の間にボールを5つおき、両手をのせる。
①息を吸ったらボールを押しながら丸め、②吐きながら戻る。
③④身体を左右に捻る。

①吸

②吐

③左に捻る

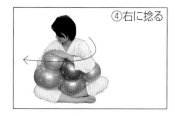
④右に捻る

6

膝の間にボールを4つおき、両手をのせ、膝の下にもおく。
①息を吸ったらボールを押しながら丸め、②吐きながら戻る。
③④身体を左右に捻る。

①吸

②吐

③左に捻る

④右に捻る

6章

膝

短縮する筋肉　膝と骨盤の連動

本章で意識する筋肉は、大腿直筋、大腿筋膜張筋である。

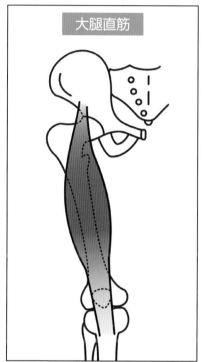

大腿直筋

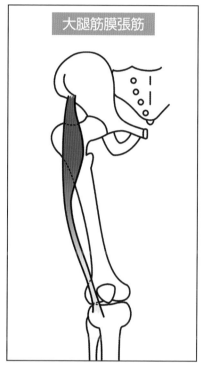

大腿筋膜張筋

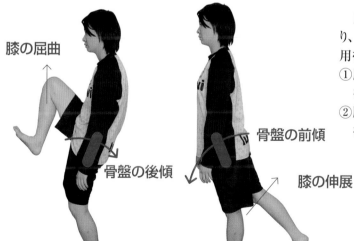

膝の屈曲

骨盤の後傾

骨盤の前傾

膝の伸展

　膝の動きは骨盤と連動しており、本章のエクササイズはこの作用を利用して効果をねらっている。
①膝の屈曲の動きは骨盤の後傾を促通する。
②膝の伸展の動きは骨盤の前傾を促通する。

ニュートラルポジション

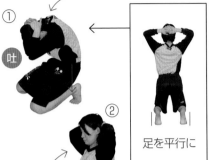

1

膝立ちになり、両足首を
立てる。両手は頭の後ろ
へ。
①息を吐いたらお尻をかか
かとに近づけ、肘を閉じ、
②吸ったら胸を張り、お
尻を上げ、肘を開く。
③④足の位置を変えて同
様に行なう。

足を平行に

膝を開き
かかとをつける

膝をつけ
かかとを離す

2

膝立ちになり、片方の足
首は曲げ、逆の足首は伸
ばす。両手は頭の後ろへ。
①息を吐いたらお尻をかか
かとに近づけ、肘を閉じ、
②吸ったら胸を張り、お
尻を上げ、肘を開く。
③④足の位置を変えて同
様に行なう。

1-①の位置
から片足首を
伸ばす

1-③の位置か
ら片足首を伸
ばす

1-④の位置
から片足首
を伸ばす

3

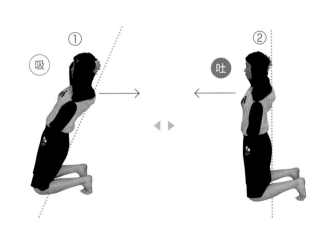

膝立ちになり、両足首を
立てる。両手は頭の後ろ
へ。
①息を吸ったら身体を後
ろへ倒し、②吐いたら前
へ戻る。
胸を張り、頭から背中、
お尻まで真っすぐに保っ
たまま行なおう。

4

膝立ちになり、両足首を立てる。両手は頭の後ろへ。
①息を吐いたら右を向き、②吸ったら左を向く。
③④手の位置を変えて同様に行なう。

③ 片手を頭
片手を腰に

④ 両手を腰に

5

膝立ちになり、両足首を立てる。両手は頭の後ろへ。
①息を吸ったら骨盤を前掲させ、②吐いたら後傾させる。
③④次に両肘を開き、同様に行なう。

骨盤を前傾

骨盤を後傾

6

膝立ちになり、両足首を立てる。両手は頭の後ろへ。
①息を吐いたら両肘を近づけ、②吸ったら肘を開き胸を張る。
次は、肘を開いたまま、③息を吐いたら右を向き、左肘を右肘へ近づける。
④吸ったら左を向き、右肘を左肘に近づける。

1

両手で棒の上部を持ち、膝立ちになり、両足首を立てる。
①息を吐いたらお尻をかかとに近づけ、②吸ったら胸を張り、お尻を上げる。
③④手の位置を変えて同様に行なう。

① 吐

② 吸

③右手上、左手下

④両手を下

2

身体の正面で棒の上下を持ち、膝立ちになり、両足首を立てる。
①息を吐いたらお尻をかかとに近づけ、②吸ったらお尻を上げていき、棒の上下を入れ替える。
③④棒の位置を変えて同様に行なう。

① 吐　② 吸

③右足の前

④左足の前

3

両手で棒の上部を持ち、膝立ちになり、両足首を立てる。
①息を吐いたら背中を丸め、②吸ったら伸ばして押し出す。
③④手の位置を変えて同様に行なう。

① 吐　② 吸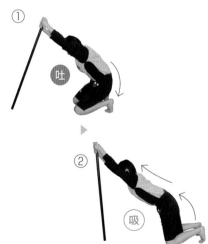

③両手を中央

④両手を下

4

逆手で棒の中央を持ち、膝立ちになり、両足首を立てる。反対の手は頭へ。
①息を吐いたら身体を外側へ捻り、②吸ったら内側へ捻る。
③順手で同様に行なう。

③順手で握る

5

身体の横で棒を持ち、膝立ちになり、両足首を立てる。反対の手は腰へ。
①息を吐いたらお尻をかかとに近づけ、②吸ったら戻る。
③④棒の持つ位置を変えて同様に行なう。

③片手を中央

④片手を下

6

身体の横で棒を持ち、膝立ちになり、両足首を立てる。上の手は逆手、下の手は順手で握る。
①息を吐いたら下の手側へ捻り、②吸ったら上の手側へ捻る。
③息を吐いたらお尻を下げ、④吸ったら戻る。

1

片膝立ちで、後ろ足のつま先を立てる。
①息を吸ったら前足のかかとを上げ、②吐いたら下ろす。
③息を吸ったら前足のつま先を上げ、④吐いたら下ろす。
⑤⑥次に、①と③を連続して行なう。

2

片膝立ちで、後ろ足のつま先を立てる。
①息を吸ったら後ろの膝を伸ばし、②吐いたら下ろす。
③息を吸ったら前の膝を伸ばし、④吐いたら戻す。
⑤⑥次に、①と③を連続して行なう。

3

片膝立ちで、後ろ足のつま先を立てる。
①息を吸ったら前の膝に胸を近づけ、②吐いたら元に戻る。
③息を吐いたら前膝に反対側の肘を近づけ、④吸ったら同側の肘を近づける。

4

片膝立ちで、後ろ足のつま先を立てる。
①息を吐いたら前脚を伸ばして外に回す。②吸ったら内側に回す。③後ろ足の膝から先を浮かせ、息を吸ったら内側へ回し、④吐いたら外側へ回す。

5

片膝立ちで、後ろ足のつま先を立てる。
①息を吐いたら膝から先を外側へ回し、②吸ったら内側へ回す。
③息を吸ったら身体を真横に倒し、④吐いたら反対側へ倒す。

| コラム | ついでに考えるダイナミックストレッチ |

　ここであなたがやっているストレッチは、ダイナミックストレッチです。

　ダイナミックストレッチは、使用する筋肉の可動性を高めるために相反神経支配を利用します。

　例えば、脚を前方へ引き上げると（腸腰筋・大腿四頭筋）、裏側の筋肉（ハムストリング）が反射的に弛緩します。

　つまり、筋の拮抗筋を収縮させることで、その目的とした主動筋をストレッチする方法がダイナミックストレッチです。

　意識的に筋肉を収縮することで、少しずつ大きな可動域が得られます。

　一般に用いられる静止したストレッチ（スタティックストレッチ）は、クールダウンとして十分に行ない、傷害の予防として考えることを勧めます。

前後プラスアルファ（チューブ）

1

片膝立ちになり、後ろ足にチューブを巻き、肩にかけて両手で持つ。
①息を吐いたら足首を曲げ、②吸ったら伸ばす。
③息を吐いたら後ろの膝を曲げ、④吸ったら伸ばす。

2

片膝立ちになり、前の膝にチューブをかけ、真上で持つ。
前足のつま先を上げたまま、①息を吐いたら股関節を外に回し、②吸ったら内側に回す。
③④前足のかかとを上げて行なう。

3

片膝立ちになり、後ろ足にチューブを巻き、肩にかけて両手で持つ。
①息を吐いたら後ろ脚の股関節を外に回し、②吸ったら内に回す。
③④後ろ脚を伸ばした姿勢で同様に行なう。

4

片膝立ちになり、前足に
チューブを巻き、両手で
持つ。
①息を吐いたら前足のつ
ま先を上げ、②吸ったら
下ろす。
③息を吐いたら前足を一
歩前へ出し、④吸ったら
元に戻す。

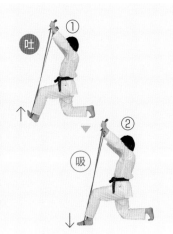

5

片膝立ちになり、後ろ足
にチューブを巻き、肩に
かけて両手で持つ。
①息を吐いたら足首を曲
げ、②吸ったら伸ばす。
③息を吐いたら上半身を
後ろへ捻り、④吸ったら
反対側へ捻る。

6

片膝立ちになり、前足にチュー
ブを巻き、端は肩の前で持つ。
①息を吐いたら前足のつま先
を上げ、②吸ったら下ろす。
③息を吐いたら前脚の股関節
を外へ回し、④吸ったら内へ
回す。

7章
股関節

短縮する筋肉　下肢からの連動

　本章で意識する筋肉は、長内転筋、大内転筋、恥骨筋、大腿二頭筋、半腱様筋、半膜様筋である。

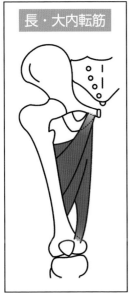

長・大内転筋

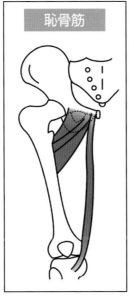

恥骨筋

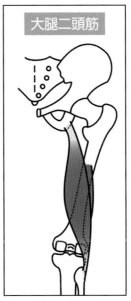

大腿二頭筋

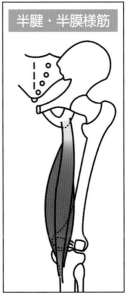

半腱・半膜様筋

吸

股関節の内転

吐

股関節の外転

　股関節の動きは呼吸と連動しており、本章のエクササイズはこの作用を利用して効果をねらっている。
①息を吸うと、股関節を内転させる動きを促通する。
②息を吐くと、股関節を外転する動きを促通する。

1

横向きに寝て、両手で身体を支える。
①息を吸ったら上側のつま先を伸ばし、②吐いたら曲げる。
③④上側の足をキープし、下側の足を浮かせて同様に行なう。

2

横向きに寝て、両手で身体を支える。
①息を吸ったら上側の足を上げ、②吐いたら戻す。
③④上側の足をキープし、下側の足を浮かせて同様に行なう。

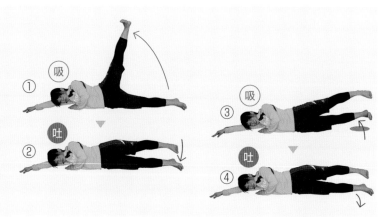

3

横向きに寝て、両手で身体を支える。
①～④上側の脚を股関節から動かし、外から内へ回す。
次に、内から外へ回す。
息を吸いながら挙げていき、吐きながら降ろしていく。

4

横向きに寝て、両手で身体を支える。
①②膝を伸ばしたまま、前と後ろに伸ばす。
③④前で膝を曲げ、後ろで伸ばす。
⑤⑥前で膝を伸ばし、後ろで曲げる。

5

横向きに寝て、両手で身体を支える。
①息を吐いたらつま先を上に向け、膝を曲げ、②吸ったら脚を伸ばし、つま先を正面に向ける。
③息を吐いたら膝を正面に向けたまま曲げ、②へ戻る。

6

横向きに寝て、両手で身体を支える。
①息を吐いたら上側の股関節を外側へ回し、②吸ったら内側へ回す。
③息を吐いたら腰から前へ捻り、④吸ったら後ろへ捻る。
⑤⑥両足を浮かせて③④と同様に行なう。

1

横向きに寝て、両手で身体を支える。両足でボールを挟み、床から離す。
①息を吸ったら足を上げ、②吐いたら下ろす。
③息を吸ったら股関節を内に回し、吐いたら外に回す。

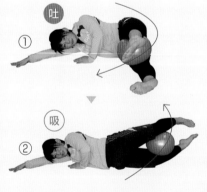

2

横向きに寝て、両手で身体を支える。両膝でボールを挟み、床から離す。
①息を吐いたら両膝を伸ばしたまま脚を前へ振り、②吸ったら後ろへ振る。
③④両膝を曲げて同様に行なう。

3

横向きに寝て、両手で身
体を支える。両足でボー
ルを挟み、床から離す。
①息を吐いたら腰から前
へ捻り、②吸ったら後ろ
へ捻る。
③息を吸ったら上半身を
後ろへ捻り、④吐いたら
前に捻る。

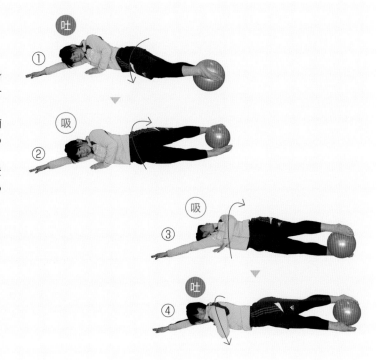

4

横向きに寝て、両手で身
体を支える。両膝を曲げ
てボールを挟み、床から
離す。
①息を吐いたら腰から前
へ捻り、②吸ったら後ろ
へ捻る。
③息を吸ったら上半身を
体側へ起こし、④吐いた
ら元に戻る。

1

横向きに寝て、両手で身体で支える。
まず、軸足を後ろにした姿勢で行なう。
①息を吸ったら上の脚を上げ、②吐いたら下ろす。
③④軸足を前にして同様に行なう。

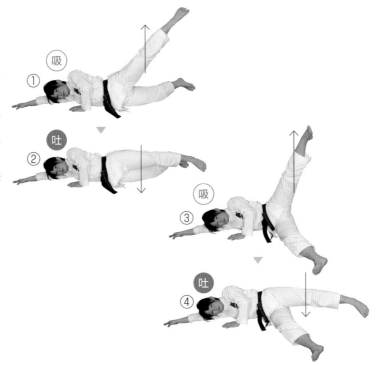

2

横向きに寝て、両手で身体で支える。上の脚は身体の前で曲げる。
①息を吸ったら下の足を上げ、②吐いたら下ろす。
③息を吸ったら下の脚を外に回し、④吐いたら内に回す。

3

横向きに寝て、両手で身体を支える。上の脚は身体の後ろで曲げる。
①息を吐いたら下の脚を前に振り、②吸ったら後ろに振る。
③息を吸ったら下の足の膝を伸ばし、④吐いたら膝を曲げる。

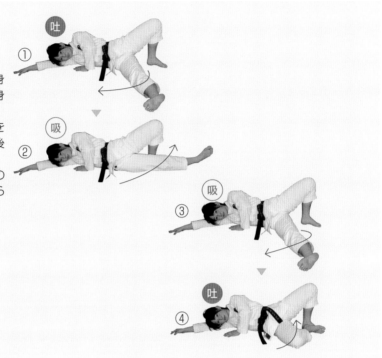

4

横向きに寝て、両手で身体を支える。下の膝は曲げる。
①息を吸ったら上の脚を上げ、②吐いたら前へ下ろす。
③④下ろす位置を変えて同様に行なう。

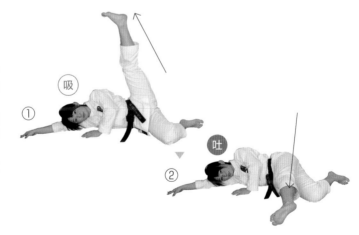

③上から横

④上から後ろ

1

バランスボールに横向き
に寝て、片肘で身体を支
える。両脚は前後に開く。
①息を吐いたら肘を伸ば
したまま下へ、②吸った
ら上へ上げる。
③④肘を曲げたまま同様
に行なう。

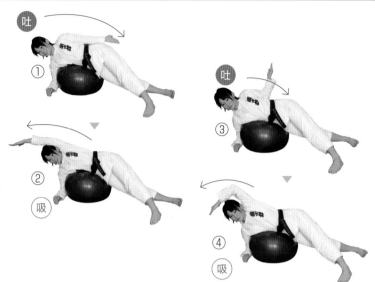

2

バランスボールに横向き
に寝る。両手を胸の前で
交差する。
①息を吐いたら胸の前で
クロスし、②吸ったら広
げる。
③④開く手を変えて同様
に行なう。

③上の手を開く

④下の手を開く

3

バランスボールに横向き
に寝て、片肘で身体を支
える。上の手は頭上に伸
ばす。
①息を吸ったら上げた脚
を内に回し、②吐いたら
外に回す。
③④脚の高さを変えて同
様に行なう。

③脚を腰の高さ

④脚を低く

4

バランスボールに横向き
に寝て、片肘・片膝で身
体を支える。
①息を吐いたら上の脚を
前へ振り、②吸ったら後
ろへ振る。
③④膝を曲げたまま同様
に行なう。

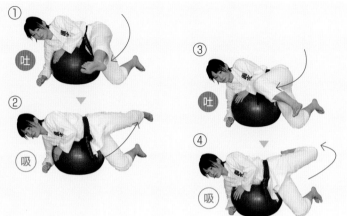

5

バランスボールに横向き
に寝て、片肘・片膝で身
体を支える。
①息を吐いたら上の脚を
外に回し、②吸ったら内
に回す。
③④膝を曲げたまま同様
に行なう。

6

バランスボールに横向きに寝
て、片肘・片膝で身体を支える。
①息を吐いたら上の脚を曲げ、
②吸ったら伸ばす。

8章

足

短縮する筋肉　下肢からの連動

本章で意識する筋肉は、下腿三頭筋、後脛骨筋である。

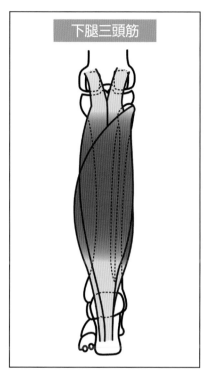

下腿三頭筋

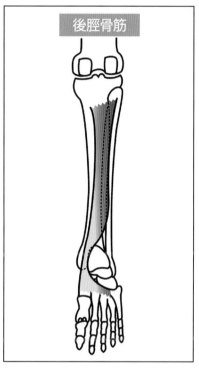

後脛骨筋

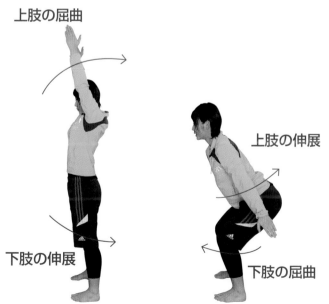

上肢の屈曲

下肢の伸展

上肢の伸展

下肢の屈曲

　下肢（足）の動きは上肢と連動しており、本章のエクササイズはこの作用を利用して効果をねらっている。
①上肢の屈曲の動きは下肢の伸展の動きを促通する。
②上肢の伸展の動きは下肢の屈曲の動きを促通する。

1

脚をそろえて座り、かかとをつけ、つま先を開く。手先を内向きにして、後ろにつく。
①息を吐いたら足首を曲げ、②吸ったら伸ばす。
③④足の位置を変えて同様に行なう。

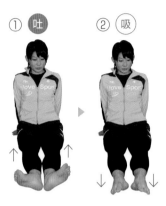 ① 吐 ② 吸

 ③平行

 ④八の字

2

脚をそろえて座り、手先を内向きにして後ろにつく。
①息を吐いたら両膝を曲げ、②吸ったら伸ばす。
③片脚ずつ交互に行なう。

 ① 吐 ② 吸

 ③交互

3

脚をそろえて座り、手先を内向きにして後ろにつく。
①息を吐いたら背中を丸め、②吸ったら胸を張り、身体を起こす。
③④両膝を立てた姿勢で同様に行なう。

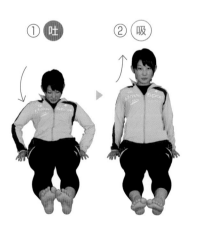 ① 吐 ② 吸

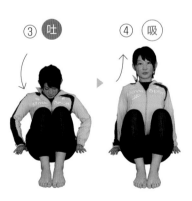 ③ 吐 ④ 吸

4

脚をそろえて座り、手先を
内向きにして後ろにつく。
①息を吐いたら両脚を股
関節から横へ開き、②吸っ
たら元に戻す。
③片脚ずつ同様に行なう。

③片脚を横

5

脚を開いて座り、両手は
身体の前につく。
①息を吐いたら両膝・足
首を曲げ、②吸ったら元
に戻す。両手が床から離
れないように行なう。
③④手の位置を変えて行
なう。

③両手を後ろ

④片手は前、片手は後ろ

6

脚を肩幅よりやや広く開
いて座り、手先を内向き
にして後ろにつく。
①息を吐いたら股関節か
ら外へ回し、②吸ったら
内へ回す。
③④左右交互に股関節か
ら内と外に回す。

プラスアルファ (バランスディスク)

1

バランスディスクに座り、両手を後ろへ。
①膝を伸ばしたまま、息を吸ったら片脚を上げ、②吐いたら下ろす。
③吸ったら膝を伸ばし、④吐いたら曲げる。
⑤膝を曲げたまま、吸ったら胸の方へ引きつけ、⑥吐いたら戻す。

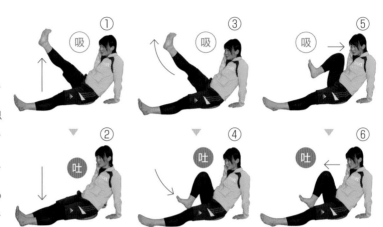

2

バランスディスクに座り、両手を後ろへ。片膝を立てる。
伸ばした脚を股関節から内から外へ回す (①〜④)。
⑤外から内へ回す。

3

両膝を立ててバランスディスクに座り、両手を後ろへ。
①息を吸ったら膝を横に倒し、②吐いたら反対側へ倒す。
③④手の位置を変えて同様に行なう。

③左手を頭

④右手を頭

4

バランスディスクに座り、
両手を後ろへ。
①息を吸ったら膝を胸に
近づけ、②吐いたら元に
戻す。
③息を吸ったら膝を伸ば
し、④吐いたら曲げる。
⑤息を吸ったら膝を曲げ、
⑥吐いたら伸ばす。

5

バランスディスクに座り、
両手を後ろへ。
①両脚をそろえて、股関
節から外回り・内回りに回
す。
②同様に「8」の字を描く。
③同様に「∞」の字を描く。

6

バランスディスクに座り、
両手を後ろへ。
①息を吸ったら両脚を開
き、②吐いたら高い位置
で閉じる。
③④両膝を曲げて行なう。

1

脚をそろえて座り、手は
身体の横に下ろす。
①息を吸ったら骨盤を前
傾させ、②吐いたら戻る。
③息を吸ったら骨盤を後
傾させながら脚を引き、
④吐いたら戻る。

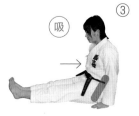
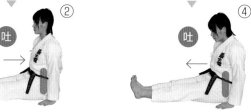

2

片膝を立てて座り、逆側
の手を前へ出す。
①息を吸ったら骨盤を前
へ出し、②吐いたら骨盤
を引く。
③④反対側の手で行なう。

3

脚を開いて座り、片膝を
立てる。手は身体の前へ
つく。
①息を吐いたら立て膝を
外へ倒し、②吸ったら内
へ倒す。
③④伸ばしている脚を同
様に行なう。

4

脚を開いて座り、片膝を
立てる。手は身体の前へ
つく。
①息を吐いたら立て膝の
足首を曲げ、②吸ったら
伸ばす。
③息を吐いたら伸ばした
脚を外へ開き、④吸った
ら閉じる。

5

両膝を立てて座り、手は
身体の前へつく。顔は斜
め前に向ける。
①息を吐いたら膝を曲げ、
②吸ったら伸ばす。
③息を吐いたら逆側の足
首を曲げ、④吸ったら伸
ばす。

6

脚を開いて座り、片膝を
立て、同側の腕を伸ばし、
手の方を見る。
①息を吐いたら伸ばした
脚を外へ回し、②吸った
ら内へ回す。
③息を吸ったら腕を外へ
回し、④吐いたら内へ回
す。

前後プラスアルファ（バランスディスク）

1

片膝を曲げ、骨盤をバランスディスクにのせる。
①息を吐いたら後ろ脚を外へ回し、②吸ったら内へ回す。
③④後ろ足の膝を曲げて同様に行なう。

2

片膝を曲げ、骨盤をバランスディスクにのせる。
肘から先を床につく。
①呼吸と共に後ろ脚を内〜外に回す。
②外〜内に回す。

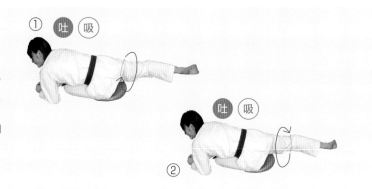

3

片膝を曲げ、骨盤をバランスディスクにのせる。
片肘を床につけ、逆手は頭の後ろへ。
①息を吐いたら後ろ脚を前へ振り、②吸ったら後ろへ伸ばす。
③④後ろ脚の膝を曲げて同様に行なう。

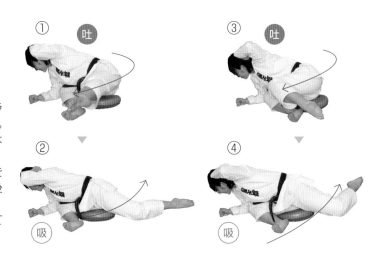

4

横向きに寝て骨盤をバランスディスクにのせる。両手で身体を支え、両足を浮かせたまま行なう。
①息を吐いて身体を前に倒し、②吸ったら起こす。
③息を吐いて身体を横に倒し、③吸ったら起こす。

5

横向きに寝て骨盤をバランスディスクに乗せ、脚は前後にずらし、床につける。
①息を吐いて身体を前に倒し、②吸ったら起こす。
③息を吐いて身体を横に倒し、③吸ったら起こす。

6

片膝を曲げてバランスディスクに座り、両手を後ろに下ろす。
①伸ばした脚を股関節から大きく回し、「8」の字を描く。
②同様に「∞」の字を描く。

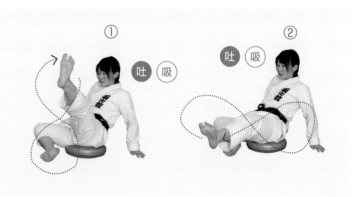

コラム　ついでに思う私

　　柔軟性は、個人のライフスタイル、性別、年齢によって最終的な差異が
存在します。

　　たとえば女性は男性よりも柔軟であり（特に肩と股関節）、妊娠中、生理
中は仙腸関節を動かしやすくなります。
　　また、筋肉とパワーが求められるスポーツ（格闘技やコンタクトスポーツ）
の選手は、自分の体重を抵抗とするスポーツ（体操や水泳など）の選手に
比べて柔軟性が低いのです。

　　また、年配になって柔軟性に目覚めた人が最終的に獲得できる柔軟性は、
若い時から運動をしていた人には及ばないこともあります。
　　そのうえ、長い間、悪い姿勢や誤った運動方法をとっていた場合、望む
ような可動域が得られない可能性があります。

　　それでも、あなたが改善するための努力をするならば、必ず今よりも高
い柔軟性を手に入れることができると私は思っています。

part2

これも開脚

競技における開脚の役割は、ウォームアップの他に、技術力向上としての役割が大きくなります。特に、空手、徒手体操、バレエのような運動においては、姿勢を含むポジションがパフォーマンスについて最優先課題になります。

各種表現スポーツ及びアートはさまざまなテクニックを要し、各々について「上手、下手」「センスがある、ない」などの評価が下されます。その中心にあるのが柔軟性と、協調性と言われる未来型の体力要素なのです。この二つが「できない技術」、「できないポジション」の要因となると考えられています。

柔軟性の欠如は、ある特定の姿勢を取れず、そのことが動きとしての協調性を乱すことになるので、両者は一つのことの表裏と言ってよいでしょう。
つまり、柔軟性の改善によって、正しいポジション、パフォーマンスができるのです。

そして、柔軟性の改善を目指す目標として「開脚」を獲得していくことが良いと思います。開脚にはあらゆる筋肉の動きの基礎が混在しているからです。

この章では、表現運動において、その特性を分析して、それぞれのストレッチを考察しました。従って、ここで紹介しているストレッチは、あくまでも一部です。しかも、難度はかなり高いものです。
この章以外の開脚のストレッチをやりこなしてからチャレンジすることをおすすめします。

9章

空手の
開脚

空手の開脚

　立ったポジションから重力を利用して身体を下げていく開脚は、筋力の強さと腹圧が主要になります。そのとき内転筋には、ゆっくり伸ばされる力が入っています。これをエキセントリック収縮（筋が伸張される収縮）といい、1.2～1.4倍の力が発揮できます。

　従って、内転筋の筋力が強くないと、大人ではこの開脚が困難となります。また、外転筋がゆっくりしたコンセントリック収縮（筋が短縮される収縮）をしていきます。

　この時に、中殿筋がしっかり収縮されず大腿筋膜張筋が代償していくと、股関節のつまり感がでて、腰痛の原因にもなります。

　これを防ぐために、強い腹圧が必要となります。本章では、腹圧を高め、中殿筋を意識しやすく、内転筋の伸びやすいエクササイズをプログラムしています。

〈開脚　基本の動き〉

・息を吐いた時に頭を上げ、息を吸った時に頭を下げる。
・息を吐いた時につま先を伸ばし、息を吸った時につま先を上げる。

ニュートラルポジション

1

両膝を曲げ膝に手を
おき、かかとの上げ
下げ。
①②左右同時に。
③④左右交互に。

①吸 ②吐 ③ ④

①③用意の姿勢

2

両膝を曲げ膝に手を
おく。
①②肩を交互に入れ
る。
③④膝を交互に入れ
る。

吸 ① ② ④ 吐 吐

3

腰を落として片膝を
伸ばす。
①②足首の曲げ伸ば
し。
③④股関節を内と外に
回す。

① 吐 ② 吸 ③ 吐 ④ 吸

4

腰を落として足首を
持つ。
①②背中を丸めてそ
る。
③④膝の曲げ伸ばし。

① 吐 ② 吸 ③ 吸 ④ 吐

5

腰を落として片膝を伸ばす。膝を交互に曲げ伸ばし。
①②同側の足首を持ち、逆手は足の前におく。
③④対側の足首を持ち、同様に。

① ② 吸 吐 ③ ④ 吸 吐

6

片膝立ちになり、後ろの足先は浮かす。
①②股関節を内と外に回す。
③④前足のかかとの上げ下げ。

① 吸 ② 吐 ③ 吸 ④ 吐

7

四つんばいになり、手は八の字につく。膝は肩幅より広めに開き、かかとをつける。
①①背中を丸めてそる。
③④片手を頭の後ろにして同様に。

正面から見る

① 吐 ② 吸 ③ 吐 ④ 吸

第9章　プラスアルファ（ログ）

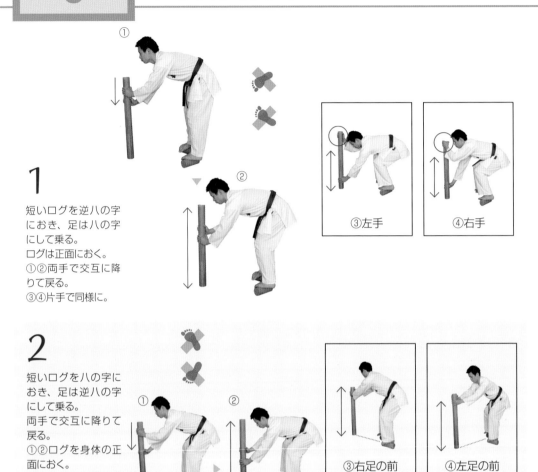

1

短いログを逆八の字
におき、足は八の字
にして乗る。
ログは正面におく。
①②両手で交互に降
りて戻る。
③④片手で同様に。

③左手　　④右手

2

短いログを八の字に
おき、足は逆八の字
にして乗る。
両手で交互に降りて
戻る。
①②ログを身体の正
面におく。
③④ログの位置を変
えて同様に。

③右足の前　　④左足の前

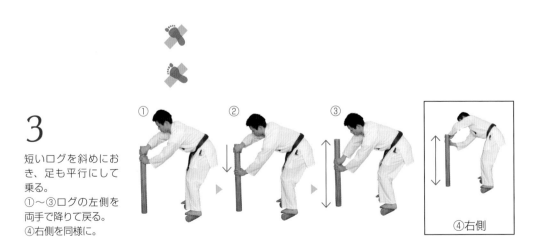

3

短いログを斜めにお
き、足も平行にして
乗る。
①～③ログの左側を
両手で降りて戻る。
④右側を同様に。

④右側

4

短いログを正面に向
けておき、上に乗る。
ログは身体の正面に
おく。
①②両手で交互に降
りて戻る。
③④片手を膝におき
同様に。

① ②

③同側の膝　④逆側の膝

5

短いログを逆八の字に
おき、上に乗る。
①②ログを正面におき
両手で交互に降りて戻
る。
③④片手を頭に、ログ
の位置を変えて同様に。

① ②

③右足の前　④左足の前

6

短いログを斜めにお
き、上に乗る。
①②ログの右側を両
手で持ち、下の手だ
け、降りて戻る。
③④ログの位置を変
えて同様に。

① ②

③右足の前　④左足の前

第9章　開脚お手伝い

1

開脚する人●足の裏
をつけて座る。
お手伝い●膝の上に
手をおき、開いていく。
痛みの出ない範囲で、
無理せず行なう。

2

開脚する人●膝立ち
になり、頭の後ろで手
を組む。
お手伝い●肘を持ち、
①丸めながら肘を近
づけ、②肘を開いて
胸を張る。
③④上半身を左右に
捻る。この時、捻りに
合わせて膝で相手の
骨盤を押す。

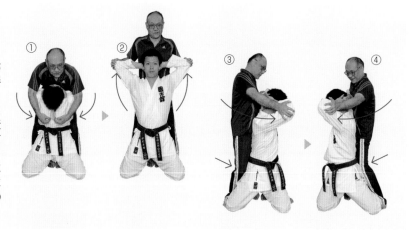

3

開脚する人●片脚は
前、片脚は身体の近
くで曲げ、頭の後ろ
で手を組む。
お手伝い●①前膝の
方へ上半身を捻る。
②肩甲骨を押して、前
屈する。
③後ろ膝の方へ上半
身を捻る。

足で膝をおさえる

4

開脚する人●片脚は横へ伸ばし、片脚は身体の近くで曲げる。床に肘をつく。
お手伝い●①伸ばした脚の方へ上半身を倒す。
②上半身を捻って、伸ばした脚へ反対側の肩を近づける。

足で膝をおさえる

5

開脚する人●片脚は横へ伸ばし、片脚は身体の近くで曲げる。腕を交差し、膝に手をおく。
お手伝い●①下の手を握ったまま、肩を押し、上半身を曲げた膝の方へ倒す。
②下の手を引き、上半身を捻る。

6

開脚する人●できる範囲で開脚し、両手を頭の後ろで組む。
お手伝い●①両腕の上から脇を持ち、足では相手の腿の付け根をおさえる。
②③ゆっくりと左右へ身体を捻る。

10章 これも開脚

Y字バランス

　Y字バランスは、左右の脚の筋肉の働きが協調的な活動をするポジションです。拮抗関係にある左右の脚や下肢全体が、「一方が収縮し、他方が弛緩する」という仕組み（相反神経支配）が重要となります。

　支持脚の大腿四頭筋、腸腰筋の柔軟性が欠如すると、骨盤が後傾し、膝が曲がり、腰が落ちていきます。
　高くあげている脚のハムストリング、殿筋群の柔軟性が欠如すると、背中が丸まり、骨盤が後傾し膝が伸びません。

　キーポイントは、腸腰筋とハムストリングにあります。腸腰筋の硬化により、腹直筋が筋力低下します。腹直筋は、殿筋とともに骨盤を後傾させており、後傾の維持を殿筋に依存するので、次に殿筋が筋力低下します。殿筋は股関節の伸展時にも働くので、この筋の筋力低下をハムストリングが代償します。

　ハムストリングは殿筋ほど強くないので、伸展を脊柱起立筋が代償します。腰椎のストレスは腰痛をまねきます。この結果、足を高くあげていくと、軸足と反対足で骨盤の後傾を筋力の変わりに姿勢で支持し、腰痛を防ぎます。

　これらの筋を十分にストレッチしながら腹筋下部の再強化をするために、プログラムを作りました。

ニュートラルポジション

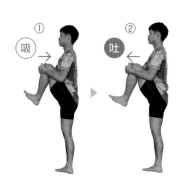

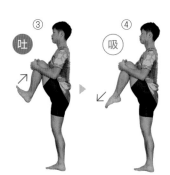

1

片脚で立ち、膝を両手でかかえる。
①②膝の引きつけ。
③④足首の曲げ伸ばし。

2

片脚で立ち、膝の裏を両手で持つ。
①②膝の振り上げ。
③④軸足の膝の曲げ伸ばし。

3

片脚で立ち、膝の裏を片手で持つ。反対側の腕は真横へ伸ばす。
①②正面から横へ。
③④軸足を正面から外に回す。

4

片脚で立ち、膝の裏
を片手で持つ。反対
側の手は頭の後ろへ。
①②足首の曲げ伸ば
し。
③④軸足の膝の曲げ
伸ばし。

5

片脚を伸ばし、足先を
持つ。
①②軸足を内と外に回
す。

6

片脚で立ち、膝の裏
を片手で持つ。反対
側の手は頭の後ろへ。
①②横に倒す。
③④前へ倒す。

1

③片手を頭

ストレッチポールに片
足をのせ、両手で膝
を持つ。
①②膝の曲げ伸ばし。
③片手を頭の後ろに
して同様に。

2

ストレッチポールを横に
おき、片足をのせ、片手
で膝を持つ。
①②膝の曲げ伸ばし。
③④横に倒す。

3

ストレッチポールに片足
をのせ、両手を頭の後
ろで組む。
①②かかとの上げ下げ。
③④内回しと外回し。

4

ストレッチポールを横に
おき、片足をのせ、両手
を頭の後ろで組む。
①②軸足の膝の曲げ伸ば
し。
③④横へ倒す。

開脚お手伝い

1

開脚する人●相手の肩に手をおき、片膝を曲げる。
お手伝い●①②足の裏を持ち、ゆっくりと持ち上げる。
③かかとを上げ下げしたら④膝を曲げる。

2

開脚する人●相手の背中に手をおき、片脚を後ろへ曲げる。
お手伝い●①後ろの足を腿へ近づける。
②後ろ足を持ちながら、かかとを上下し、③膝を曲げる。

3

開脚する人●相手の肩に片脚をのせる。
お手伝い●①②相手の背中を持ち、上半身を引きつける。
③④相手の背中を持ち、膝の曲げ伸ばしを行なう。

4

開脚する人●横に並び、相手の肩に片脚をのせて手をつなぐ。
お手伝い●①ゆっくり腰を落として膝を曲げ、②立ち上がりながら手を引く。

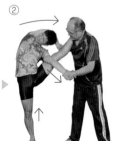

イリュージョン

　イリュージョンと名付けたこの姿勢では、ハムストリング、殿部が股関節を後方に伸展し、体幹が屈曲していきます。この時軸足は、後方へ移動しバランスを保ちます。

　このポジションは、頚部にコントロールされます。頭を上げれば、上肢の伸展力が高まります。しかし、それに伴って下肢は屈曲しやすくなります。
　逆に頭を引くと、上肢に力が入りません。さらに、僧帽筋上部、肩甲挙筋、大胸筋に硬さがあると、顎が突き出した状態になり、前に倒れやすくなります。また、肩甲骨を安定させる筋（前鋸筋と僧帽筋下部）が筋力低下し、円背姿勢が増します。

　このようなケースでは、頚部、肩甲挙筋、僧帽筋上部、大胸筋及び三角筋前部のストレッチを中心にして、肩甲骨を安定させる働きをしている筋に対しては、筋力強化をするプログラムになっています。

　Y字バランスタイプのポジションは、イリュージョンの軸足と相反した動きが多く、これも利用してください。逆に、イリュージョンでの後ろに上げている脚とY字バランスのポジションでの脚は、相反関係にあり、これを利用してもよいと思います。

ニュートラルポジション

1

四つんばいになり、片脚を上げる。両肘で身体を支える。
①②軸足の膝の曲げ伸ばし。
③④脚の上げ下げ。
⑤軸足の曲げ伸ばしと脚の上下を合わせる。

⑤軸足の曲げ伸ばし
　と脚の上下

2

四つんばいになり、片側は肘で、片側は手で身体を支える。
①②軸足の膝の曲げ伸ばし。
③④脚の上げ下げ。
⑤軸足の曲げ伸ばしと脚の上下を合わせる。

左右の手を入れ替えて同様に行なおう。

⑤軸足の曲げ伸ばし
　と脚の上下

3

四つんばいになり、片
脚を上げる。両手で
身体を支える。
①②軸足のかかとの
上げ下げ。
③④上げている脚の
膝の曲げ伸ばし。
⑤組み合わせて。

⑤軸足の上下と
　膝の曲げ伸ばし

4

四つんばいになり、片
脚を上げる。片手を
頭の後ろへおく。
①②軸足のかかとの
上げ下げ。
③④上げている脚の
膝の曲げ伸ばし。
⑤組み合わせて。

⑤軸足の上下と
　膝の曲げ伸ばし

プラスアルファ（脚立）

1

脚立を横にして置き、前屈の姿勢を取る。
①〜④左右交互に登って降りる。

①　②　③　④

2

脚立を縦に置き、前屈の姿勢を取る。
①軸足を1段目にのせる。
②〜④逆足だけ登って降りる。

①　②　③　④

3

脚立を縦に置き、前屈の姿勢を取る。
①軸足を上段にのせる。
②〜④逆足だけ登って降りる。

①　②　③　④

4

脚立を縦に置き、上段と1段目に足をのせる。
①②上の脚で膝の曲げ伸ばし。
③④下の脚を同様に。

①　②　③　④

吸　吐　吸　吐

5

脚立を横にして置く。

①脚立の前で前屈の姿勢を取る。
②③膝を伸ばしたまま脚立をこえる。

④⑤膝を曲げたまま同様に。

⑥⑦片手を頭の後ろに。膝を伸ばしたまま同様に行なう。

⑧⑨膝を曲げたまま同様に。

開脚お手伝い

1

開脚する人●①前屈し、相手の足首を持ち、②体重を後ろにかけていく。③④膝を持つ。
お手伝い●相手の膝の裏を持ち、手前に引く。

① ② ③ ④

2

開脚する人●膝は伸ばしたまま前屈し、相手の足首を持つ。
お手伝い●①腰に手を当てて押す。②背中に手を当てて押す。③肩に手を当てて押す。

① ② ③

3

開脚する人●逆立ちをする。片脚ずつ開いて戻す。
お手伝い●相手の足首を持ち、片足ずつ離す。

4

開脚する人●四つんばいになり、片脚を相手の肩にのせる。
お手伝い●①相手の太ももを腕で支え、手で骨盤をおさえる。②上半身を使って、肩にのせた脚を上げる。

① ②

バレエ

　小さい頃からバレエをやっている女の子が、開脚できないことはまずありません。しかし、本当に柔軟性があると言えるのでしょうか。
　骨盤が下がり、左右方向への「アヒル歩き」が見られる女の子が多いのです。

　これは、股関節外転筋と内転筋の間に生じる不均衡パターンの結果だと思われます。股関節の外旋筋である大殿筋が働くことで、ハムストリングは協同して働くことができます。

　拇指球、小指球での均等なバランスを失うと、腸腰筋が硬化し大殿筋が筋力低下します。大殿筋の筋力低下は、やがてハムストリングの硬化を招きます。そして、ハムストリングの硬化は、内転筋の硬化を招きます。

　内転筋の硬化は、外転筋の弱化をよび、大腿筋膜張筋が代償します。オーバーワークになった大腿筋膜張筋は、やがて腸脛靭帯を硬くし膝関節を外側へ引きます。これは、膝蓋骨に生じる痛みの原因です。

　柔軟性とは、個々の筋力のうえに成り立っている筋肉のシンメトリーです。「ルーズ」な状態とは異なります。股関節内転筋に対するストレッチによって、腸脛靭帯による開脚を大殿筋による外転に変えていくことが大事だと思います。

ニュートラルポジション

1

足を交差して立ち、つま先は外側へ向ける。
①②肘を伸ばしたまま、左右に捻る。
③④肘を曲げて同様に。

2

足を交差して立ち、つま先は外側へ向ける。前後に倒す。
①②手のひらを内から外へ返す。
③④手のひらを外から内へ返す。

3

足を交差して前屈し、つま先は外側へ向ける。
①②膝の曲げ伸ばし。
③④膝を伸ばしたまま、かかとの上げ下げ。

4

足を交差して立ち、つ
ま先は外側へ向ける。
両手を組んで上へ伸
ばす。左右に倒す。
①②手のひらを内か
ら外へ返す。
③④手のひらを外か
ら内へ返す。

5

足を交差して立ち、つ
ま先は外側へ向ける。
両手を組んで上へ伸ば
す。
①②左右へ捻る。
③④膝の曲げ伸ばし。

6

足を交差して立ち、つ
ま先は外側へ向ける。
片手は上、片手は横
へ伸ばす。
①②膝の曲げ伸ばし。
③④かかとの上げ下
げ。

プラスアルファ (バランス木's)

1

バランス木'sに前足をのせ、両手を横へ伸ばす。
①②前足のかかとの上げ下げ。
③④後ろ足も同様に行なう。

2

バランス木'sに後ろ足をのせ、両手を横へ伸ばす。
①②前足のかかとの上げ下げ。
③④後ろ足も同様に行なう。

3

バランス木'sに乗り、両手を横へ伸ばす。
①②膝を曲げたまま、かかとの上げ下げ。
③④かかとを上げたまま膝の曲げ伸ばし。

4

バランス木'sに片足
をのせ、両端を持つ。
①②後ろ足の膝の曲
げ伸ばし。
③④前足も同様に。

5

バランス木'sに後ろ足
をのせ、両端を持つ。
①②前足の膝の曲げ伸
ばし。
③④後ろ足も同様に。

開脚お手伝い

1

開脚する人●うつ伏せ
に寝て、片膝を曲げる。
お手伝い●①足を軸
足の膝あたりで軽く持
ちながら、臀部を押し
て固定し外旋させる。
②③足の角度を変え
て行なう。

②軸足の腿につける

②軸足のお尻につける

2

開脚する人●うつ伏せ
に寝て、片膝を曲げる。
お手伝い●反対側の
臀部を抑えながら、内
旋させる。

3

開脚する人●うつ伏せ
に寝て、両膝を曲げる。
お手伝い●片足ずつ
かかとをお尻に近づけ
る。①内側、②外側と
角度を変えてそれぞ
れ行なう。

4

開脚する人●うつ伏せ
に寝て、両膝を曲げる。
お手伝い●①反対側
の臀部をおさえなが
ら、②内旋させる。

5

開脚する人●うつ伏せ
に寝て、片脚は伸ばし、
片脚は体側で曲げる。
お手伝い●曲げた膝
を持ち上げ、股関節を
開く。

6

開脚する人●横向きに
寝て、片脚は伸ばし、
片脚は曲げる。
お手伝い●肩と腰に
手を当て、上半身を捻
る。相手の膝が倒れな
いように脇に挟んでお
く。

ヨーガ（鳩のポーズ）

　　ヨーガは関節を動かすことなく、呼吸を通じて、筋を収縮するエクササイズです。呼気で収縮する筋が吸気によりホールドされ、吸気によって収縮する筋が呼気によってホールドされ、その結果、筋がリラックスします。同時に、呼吸によって自律神経がコントロールされるといわれています。

　　従って、ヨーガは硬化している筋肉に対して有効な手段といえます。しかし、萎縮している筋肉に対しては、他の手段をとらなければいけないと思います。萎縮して弱体化した筋肉は弱く、硬化していないので、比較的柔らかく、筋肉によって支持されていない関節はルーズです。

　　ヨーガは硬い人がやってこそ効果があり、ルーズであるのなら動的に筋肉を鍛える必要があります。鳩のポーズは、目標としてはおもしろかったので取り上げてみましたが、これを行なう過程を大事にし、できることを目的にする必要はないと思います。

　　低い重心での前脚の股関節外旋、後ろ脚での股関節内旋があり、骨盤の前後傾を上手に使ってバランスをとる必要があります。上半身と下半身の捻りを胸腰椎で行うので、腸腰筋の柔軟性が要求されます。

　　静止状態でこのポジションをとることは、かなり危険が伴います。腸腰筋の停止側（小転子）が固定され、呼吸によって、横隔膜の上下によってストレッチされるのは興味深いものです。

ニュートラルポジション

1

腕立て伏せの姿勢に
なる。
①②両手をつき、腰
の上げ下げ。
③④片手、片肘をつ
き、同様に。

2

うつ伏せになり、片膝
を曲げて床から離す。
①②腰を落としたら
ポイント。
③④腰を落としたら
フレックス。

3

脚を前後に開いて膝を
曲げ、床に手をつく。
①②後ろ足の膝を立
てたらポイント。
③④後ろ足の膝を立
てたらフレックス。

4

脚を前後に開いて膝を
曲げ、床に手をつく。
①②前足の膝を立て
たらポイント。
③④前足の膝を立て
たらフレックス。

5

脚を前後に開いて膝を
曲げ、床に手をつく。
①②後ろ足の股関節を
外に回し膝を立てる。
③④手を斜め後ろから
前斜め下。
⑤手と足を合わせる。

⑤後ろ膝の上下と
腕の上下

6

脚を前後に開き、前の膝を
曲げる。
①②膝を伸ばしたまま捻
る。
③④身体を捻る。
⑤⑥膝を曲げて身体を捻
る。

プラスアルファ（フラットベンチ）

1

ベンチに後ろ脚を伸ばして座り、膝に手をおく。
①②身体を前後に倒す。
③④膝の曲げ伸ばし。

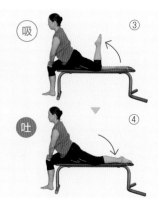

2

脚を前後に開いてベンチに座り、膝に手をおく。
①②身体を前後に倒す。
③④片手を頭におき、身体を捻る。

3

脚を前後に開いてベンチに座り、腕を横に伸ばす。
①②身体を捻る。

4

脚を前後に開いてベ
ンチに座り、後ろ足を
持つ。
①②後ろ足を同じ側
の手で持ち前後に。
③④後ろ足を対側の
手で持ち同様に。

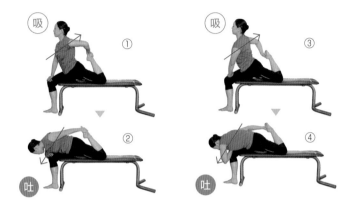

5

脚を前後に開いてベン
チに座り、前膝を曲げ
る。
①②前足と同じ側の手
を頭の後ろにし、身体
を捻る。
③手を入れ替えて同様
に。

③手を替えて

6

ベンチの上で脚を前
後に開き、膝を曲げ
る。
①②後ろ足を同じ側
の手で持ち、身体を
捻る。
③手を入れ替えて同
様に。

③手を替えて

開脚お手伝い

1

開脚する人◉①うつ伏せになり、両肘をついて上半身を起こす。②腰を押してもらったら顔を上げて息を吸う。
お手伝い◉腰をおさえる。

2

開脚する人◉①うつ伏せになり、両肘をついて上半身を起こす。②片肘を上げて行なう。
お手伝い◉①つま先をお尻に近づける。②片足ずつ、つま先をお尻に近づける。

3

開脚する人◉①②片膝立ちになり、両手を頭の後ろで組む。
お手伝い◉肩と腰に手を当て、前に押し出す。

4

開脚する人●片膝立ち
になり、両手を膝におく。
お手伝い●①肩と後ろ
足を持つ。後ろ足をお
尻に近づけ、②離しな
がら肩を押す。

① ②

5

開脚する人●①脚を前
後に開いて前膝は倒す。
②押してもらったら前へ
伸びる。
お手伝い●①②後ろ足
を持ちながら、上半身
を前へ押す。
③後ろ足をお尻に近づ
ける。

① ② ③

6

開脚する人●①脚を前
後に開いて膝を曲げる。
両手は頭の後ろで組む。
②押してもらったら前へ
倒れる。
お手伝い●①②後ろ足
を持ちながら、上半身
を前へ押す。
③上半身を起こして捻
る。

① ② ③

ストレッチ 11章

やってくださいストレッチ

三角筋（中部）

p.24

肩甲挙筋

p.14

胸鎖乳突筋

p.14

広背筋・腹斜筋

p.36

僧帽筋

p.14

三角筋（後部）

p.24

三角筋（前部）

p.24

大胸筋（水平部）

p.36

大胸筋（鎖骨部）

p.36

大胸筋（腹部）

p.36

大腿筋膜張筋

p.69

腸腰筋

p.59

大腿直筋

p.69

ヒラメ筋

p.89

腓腹筋

p.89

ハムストリングス

p.79

内転筋

p.79

脊柱起立筋

p.48

前腕屈筋群

p.24

腓腹筋（外側）

腓腹筋（内側）

ヒラメ筋

後脛骨筋

長内転筋

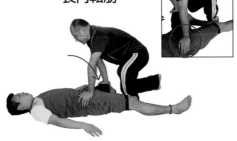

大内転筋

大腿二頭筋

半腱半膜様筋

大腿筋膜張筋

外転筋

脊柱起立筋

腸骨筋・大臀筋

大腿直筋

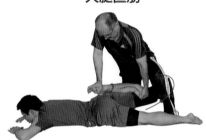

腹斜筋

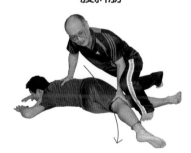

大胸筋

三角筋

広背筋

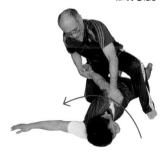

僧帽筋

引く

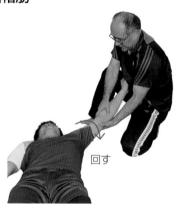
回す

胸鎖乳突筋

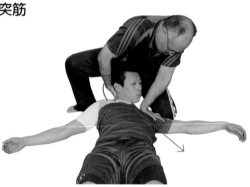

橈側手根屈筋

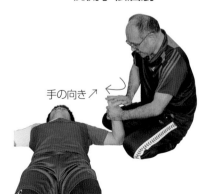
手の向き

尺側手根屈筋

手の向き

Thank you

著者紹介

著者

永田　一彦
（ながた・かずひこ）

筑波大学大学院卒業。体育研究科コーチ学専攻。スポーツ医学学際カリキュラム修了。都内に開設したジムには各競技の五輪選手や国際大会メダリストが通い、故障に悩む選手に対しては中国鍼とストレッチング、テーピングを駆使してケアを行ない、競技力向上を求める選手には独自に開発したギアを使ったトレーニングを考案。身体の歪み・癖を補正し人間本来の動きを獲得するセオリーが多くのアスリートを救っている。

撮影モデル紹介

山田　恭子
（やまだ・きょうこ）

中野渡　快人
（なかのわたり・かいと）

水村　春輝
（みずむら・はるき）

渡辺　佳那子
（わたなべ・かなこ）

長谷川　苑香
（はせがわ・そのか）

谷坂　歩美
（たにさか・あゆみ）

中世古　なつき
（なかせこ・なつき）

協力

Nメソッドネットワーク
www.n-method.net

相談できる人

永田一彦

山田恭子

清水好恵

小原裕子

千葉純子

中川奈穂子

安部有紀

松原保世

佐藤英子

月井隼南

辻野美佳

酒井明美

永田一彦の新・絶対開脚バイブル

2017年1月28日　第1刷発行

［著者］永田一彦

［発行者］井出将周

［発行所］株式会社チャンプ

〒166-0003　東京都杉並区高円寺南4-19-3 総和第二ビル2階

販売部　03（3315）3190

編集部　03（3315）5051

［印刷］シナノ印刷

ISBN　978-4-86344-016-6